Stephan Vierhok

Mit der Sonne auf meiner linken Schulter

Meine Reise auf dem Jakobsweg

Bibliografische Information der Deutschen Nationalbibliothek: Die Deutsche Nationalbibliothek verzeichnet diese Publikation in der Deutschen Nationalbibliografie; detaillierte bibliografische Daten sind im Internet über dnb.dnb.de abrufbar.

Herstellung und Verlag: BoD – Books on Demand, Norderstedt

ISBN: 978-3-7562-1844-8

Vorwort

Hallo lieber Leser! Ich freue mich, dass dir dieses Buch entweder in die Hände gefallen ist, oder du es dir ganz bewusst ausgesucht hast!

Vorab kurz etwas zu meiner Person. Ich bin Stephan und komme aus dem Ruhrgebiet, genauer gesagt aus der schönen, durch den Bergbau geprägten Stadt Bochum. Hier wurde ich 1977 als dritter Sohn einer Arbeiterfamilie geboren. Nach der Schulzeit begann ich eine Ausbildung zum Bürokaufmann beim örtlichen Verkehrsunternehmen, bei dem ich viele Jahre tätig war, bevor ich mich dazu entschied eine neue Herausforderung anzugehen. Meine Freizeit verbringe ich gerne mit Sport, treffe Freunde, probiere neue Hobbies aus oder plane meine nächste (Wander)reise. Ich bin ein offener Typ und mag Menschen, die authentisch sind, so bin ich nämlich auch. Trotz vieler persönlicher Schicksalsschläge bin ich ein aufgeschlossener, positiv denkender Mensch geblieben, der das Leben genießt. Ich erwähne dies jetzt, da ihr im späteren Verlauf an der ein oder anderen Stelle des Buches auch in sehr persönliche Geschichten eingeweiht werdet.

Im Sommer 2018 entschied ich mich sehr spontan, den Jakobsweg von Saint-Jean-Pied-de-Port in Südfrankreich nach Santiago de Compostela in Galizien zu gehen. Zu diesem Zeitpunkt war ich 41 Jahre jung. Schon lange hatte ich vor mich auf dieses Abenteuer zu begeben, mir aber immer wieder Gründe gesucht, warum es nicht der richtige Zeitpunkt wäre. Mit diesem Buch möchte ich meine Erfahrungen und Erlebnisse vom Start bis zum Ende dieses Weges mit euch teilen. Diese Reise war in vielerlei Hinsicht eine ganz besondere Zeit für mich. Da ich zuvor nie wirklich gewandert war, habe ich diesen Weg auch als persönliche Herausforderung an mich gesehen.

Ich hoffe, dass es mir gelingt euch auf den folgenden Seiten gedanklich mitzunehmen und ich das ein oder andere Bild in eurem Kopf erzeugen kann! Sollten euch zwischendurch oder am Ende des Buches Gedanken oder Fragen durch den Kopf schießen, würde ich mich total freuen, mit euch darüber zu sprechen.

Ihr findet mich auf www.jakobs-blog.de oder erreicht mich per E-Mail unter stephan.vierhok@gmx.de

Glück Auf

Stephan

Plötzlich Pilger

Bereits im Jahre 2014, kurz nach dem Tod meiner Mama schoss mir der Gedanke in den Kopf einmal den Jakobsweg gehen zu wollen. Woher dieser Gedanke genau kam und warum es gerade „dieser" Jakobsweg sein musste, weiß ich heute nicht mehr genau. Inspiriert haben mich auf jeden Fall das Buch von Hape Kerkeling, sowie die Erzählungen eines guten Arbeitskollegen. Der Gedanke, einmal allem entfliehen zu können, um sich nur um sich selbst kümmern müssen, ohne die Pflichten und Sorgen des Alltags war ein Gedanke, der mich u.a. sehr gereizt hat. Anderen Menschen zu begegnen, die diesen Weg ebenfalls gehen, zu erfahren was sie dazu bewegt hat, aus welchen Gründen sie es tun oder was sie sich eventuell erhoffen. Aber es ging mir auch darum, mehr über mich zu erfahren und wie es mir dabei geht, wenn ich auf diesem Weg bin. Was ich denke, was ich fühle, was mich umhertreibt.

Am 03.09.2018 begann Sie nun, meine Reise auf dem Jakobsweg. Erst zwei Monate vorher traf ich die finale Entscheidung mich tatsächlich auf dieses Abenteuer zu begeben. Der ausschlaggebende Moment war ein Gespräch, welches ich Anfang Juli führte. Ohne dies hätte ich ein paar Tage später womöglich doch wieder Gründe gefunden es nicht zu tun. Mein Vater war Ende April ganz überraschend an einem Herzinfarkt verstorben und so fühlte ich mich nun noch mehr für meinen psychisch kranken Bruder verantwortlich als vorher, was er mich auch unmittelbar spüren ließ. Direkt am

Tag nach dem besagten Gespräch teilte ich meine Entscheidung meinem Arbeitgeber mit. An dieser Stelle muss ich ihm ein großes Kompliment dafür machen, dass er mich relativ kurzfristig für sechs Wochen in den Urlaub entließ. Ich erzählte meinen Freunden von meinem Vorhaben. Bei fast allen spürte ich Begeisterung beim Erzählen, einige waren wirklich neidisch, aber alle sprachen mir positiv zu und bewunderten den Mut für so ein Vorhaben.

Nachdem ich die Hürde mit meinem Arbeitgeber nehmen konnte, stellten sich mir sofort eine Reihe von Fragen. Wie komme ich am besten nach Südfrankreich? Was brauche ich und muss ich wirklich mitnehmen angesichts des Gewichts für meinen Rucksack? Wie bereitete ich mich am besten auf die täglichen Wanderungen? Was muss ich sonst noch wissen? Nachdem die Art der Anreise schnell geklärt war, durchsuchte ich das Internet nach der sinnvollsten Packliste für meine Reise und musste dabei feststellen, dass es diese nicht gibt. Zu unterschiedlich waren die Anforderungen, die jeder Pilger an sich und so einen Trip hatte oder von dem er glaubte er müsse bestimmte Dinge unbedingt dabeihaben. So suchte ich mir das für mich passende aus allem raus, auch im Hinblick darauf, dass mein Rucksack ins Handgepäck des Fliegers passen sollte. Für die erste Nacht hatte ich mir direkt ein Bett in einem Hostel in Südfrankreich via Internet gesucht und gebucht. Ab jetzt konnte ich mich vollkommen auf das Einkaufen diverser Utensilien konzentrieren. Vieles von dem was ich mitnahm kaufte ich zum allerersten Mal. Sowas wie z. B. Bergwanderschuhe, Funktionskleidung, oder einen großen Wanderrucksack. Die Ausrüstung wählte ich so sorgfältig aus wie möglich, da sie mich im besten Fall vom Anfang bis zum Ende des Weges begleiten würde. Viele weitere praktische Helferlein kamen natürlich noch hinzu, die ich an dieser Stelle jedoch nicht alle einzeln erwähnen will. Wer hierzu mehr wissen mag, spricht mich am besten direkt an.

Nachdem ich nun glaubte alle benötigten Dinge organisiert zu haben und mich gut auf die bevorstehenden Strapazen, die mich täglich erwarten würden, vorbereitet zu sein, ging es dann am ersten Sonntag im September wirklich los. Ein guter Bekannter brachte mich am Morgen zum Flughafen, von wo es dann über London nach Biarritz ging. Beim ersten Boarding in Weeze konnte ich auf den ersten Blick keine weiteren Pilger entdecken, die womöglich das gleiche Reiseziel hatten. Ob sich dies in London ändern wird!? In England angekommen wirkten die zwei Stunden Umsteigezeit auf dem Papier recht üppig. Dies relativierte sich jedoch durch das Ein- und Ausreiseprozedere mehr als deutlich, sodass es am Ende sehr knapp wurde, dass ich meinen Anschlussflug erreichte. Beide Flüge verliefen sehr ruhig und ich landete planmäßig gegen späten Nachmittag in Biarritz. Hier liefen mir zum ersten Mal andere Pilger über den Weg, die man durch ihre vollgepackten Rucksäcke nicht übersehen konnte. Sie waren ebenfalls Richtung Saint-Jean-Pied-de-Port (nachfolgend SJPDP abgekürzt) unterwegs. So heißt einer der möglichen Startorte für den sogenannten „Camino Francés". Der richtige Bus zum Bahnhof nach Bayonne wurde schnell gefunden. Dort angekommen erwartete uns Pilger die erste Überraschung. Der Zug nach SJPDP fiel an diesem Tag aus und so ging es erneut in einen Bus, der auch direkt in Sichtweite am Bahnhof abfahrbereit stand.

Ein handgeschriebener Zettel an der Windschutzscheibe verriet uns das Fahrtziel. So stieg ich ein und konnte gerade noch ein Sitzplatz ganz vorne ergattern. Nach mir schließen sich auch direkt die Türen und es ging los. Neben mir saß eine junge Französin. Wir kamen nach kurzer Zeit ins Gespräch und es stellte sich heraus, dass sie sehr gut deutsch sprach, da sie ein Jahr als Au-Pair in Karlsruhe verbracht hatte. Die Fahrtzeit bis SJPDP verging durch unser interessantes Gespräch wie im Fluge. Dem wilden Fahrstil des französischen Busfahrers ist es zu verdanken, dass der Bus gegenüber dem Zug unwesentlich länger benötigte, um den kleinen Ort zu erreichen. Ich fühlte mich etwas wie in der "Wilden Maus"... Nach der Ankunft in SJPDP machte ich mich direkt auf den Weg zu meinem Hostel. Das Zimmer teilte ich mir in dieser Nacht mit einer Brasilianerin und einer Ungarin, die ebenfalls zum Pilgern hier waren. Wir machten uns kurz bekannt und jeder richtete sich direkt für die bevorstehende Nacht an seinem Bett ein. Schon ein komisches Gefühl, wenn man sich zum ersten Mal den Raum mit fremden Leuten teilen muss und gestern noch im eigenen Bett geschlafen hatte. Kurz noch frisch machen und ab in den Ort. Nach dem langen Tag sehnte ich mich nach einem Essen und einem kalten Bier. Das Café de la Paix konnte mir geben was ich brauchte, auch wenn es das nicht gerade zum Pilgerpreis gab. Was das genau bedeutet, erfahrt ihr etwas später.

Der ganze Ort, so klein er auch ist, war um diese Zeit doch ziemlich belebt und trubelig. Nach dem Essen und der Erfrischung zog es mich dann aber auch recht schnell zurück ins Hostel. Ein sehr langer Tag neigte sich dem Ende entgegen und ich wollte am nächsten Morgen ausgeschlafen starten. Es würde mein erster richtiger Wandertag, die erste Etappe auf dem langen Jakobsweg. Ich war gespannt was mich erwartet… Gute Nacht!

Tag 1: Saint-Jean-Pied-de-Port – Roncesvalles

Die erste Nacht im Hostel, so als wäre es das Normalste von der Welt mit fremden Menschen in einem Raum zu schlafen und eben nicht in seinen eigenen vier Wänden und im eigenen Bett. So zumindest erging es mir. Ich hatte eine total ruhige Nacht. Es war Montagmorgen. Nach dem Zähneputzen, schnappte ich meinen Rucksack und ging in die Küche. Dort erwartete mich ein kleines typisches französisches Frühstück mit Croissant und Kaffee. Da ich außer Bon jour die Landessprache nicht beherrschte, entstand ein Smalltalk auf Englisch mit den Pilgern, die es verstanden. Jedoch waren nur wenige um diese Zeit noch hier, da es „schon" kurz vor acht war. Ich wollte jedoch noch zum Postamt, welches erst um 9 Uhr öffnete. Da ich mit Handgepäck im Flugzeug angereist war, konnte ich das Taschenmesser, das mir durch die Packliste dringend empfohlen wurde, dort nicht unterbringen.

So hatte ich knapp drei Wochen vor meiner Reise ein kleines Paket zum Hostel geschickt, indem sich neben dem Taschenmesser noch Sonnen- und Insektenschutz, sowie ein Desinfektionsmittel für die ersten Tage befand. Ich wollte doch bestens vorbereitet sein auf dieses Abenteuer. Das besagte Paket kam jedoch nie im Hostel an und landete laut Sendungsverfolgung im Postamt von SJPDP. Vorher machte ich mich noch auf ins Pilgerbüro um meinen ersten Stempel für die „Credencial", den sogenannten Pilgerausweis zu erhalten. Wie wichtig dieser Ausweis ist, stellt sich spätestens am Ende der Reise heraus, nämlich dann, wenn man Santiago erreicht. Sheryl, eine nette ältere Dame, die an diesem Morgen im Pilgerbüro arbeitete, wies mich ausführlich und in feinstem britischem Englisch sorgfältig auf die Gefahren der ersten Etappe über die Pyrenäen hin. Ich versuchte ihr aufmerksam zu zuhören, musste aber die ganze Zeit daran denken, dass ich doch endlich loswollte. Sie drückte mir noch ein paar Zettel mit diversen Informationen zum Weg und zu den Herbergen in die Hand. Bevor es jetzt jedoch wirklich die Berge hinauf ging, wartete ja noch mein Paket im Postamt auf mich.

Noch ein schneller Kaffee in einem Café, bevor die Uhr dann endlich neun schlug. Das Postamt öffnete. Auf Englisch versuchte ich der guten Dame am Schalter zu erklären, dass hier eine Sendung für mich hinterlegt war. Sie guckte mich nur fragend an oder wollte mich nicht verstehen. Kurz überlegt und dann rief ich einen Arbeitskollegen in Deutschland an, der des Französischen mächtig war. Als er das Gespräch annahm, übergab ich der Frau mein Telefon. Ich verfolgte die angeregte Unterhaltung und erwartete bald ein Lächeln und ein Nicken bei der guten Dame. Meine Erwartung wurde leider enttäuscht, da am Ende herauskam, dass mein Paket nicht im Postamt war und diese Sendungsnummer auch von einer ganz anderen Gesellschaft stammte, die die Postfiliale überhaupt nicht beliefert. In meinem Blick erkannte man jetzt Ratlosigkeit.

Okay dachte ich, es nützt nichts sich jetzt darüber aufzuregen, dass ich eine gute Stunde mit Warten verplempert hatte. Jetzt sollte es doch endlich losgehen. Gesagt getan. Ich folgte dem auf einem meiner Zettel beschriebenen Weg raus aus der Stadt.

Die ersten richtigen Schritte hinter mir gelassen wurde die Straße immer etwas steiler und so langsam ahnte ich, was da schon am ersten Tag auf mich zukommen sollte. Voller Energie und Tatendrang bewältigte ich die ersten wenigen Kilometer mit großer Neugierde. Ich überholte die ersten Pilger an diesem Morgen. Eine Reisegruppe bestehend aus vier Frauen zwischen 50 und Mitte 60 aus Heidelberg. Es entstand ein kurzer Smalltalk und so erfuhr ich, dass die Etappe für die Damen heute in Orisson enden wird. Dort gab es eine kleine Herberge am Wegesrand, welche ca. 8 km von SJPDP entfernt war. Ich ging weiter. Mein Ziel sollte heute nach knapp 25 km der Ort

Roncesvalles sein, so wie im Wanderführer für die erste Etappe beschrieben. Aus der geteerten Straße wurde nun teilweise eine platt getretene Wiese bzw. eine Geröllstrecke mit unbefestigtem Untergrund. Der Weg wurde jetzt immer steiler. Mir wurde verdammt heiß und ich kam mächtig ins Schwitzen. Meine Smartwatch vibrierte nun fast dauerhaft, da mein Puls einfach viel zu hoch war.

Nach knapp 2 ½ Stunden erreichte ich Orisson, den Ort, in dem die Damen aus Heidelberg heute stoppen würden. Ich befand mich nun bereits auf 800 m Höhe, bei bestem Wanderwetter mit 20 Grad Außentemperatur und strahlend blauem Himmel. Richtig genießen konnte ich das jedoch gerade nicht, da ich völlig außer Atem war und ein paar Minuten brauchte, bis mein Puls wieder einigermaßen Normalform hatte. Die ersten km waren so anstrengend, dass mein Shirt jetzt völlig durchgeschwitzt war und ich in Orisson die Gelegenheit nutzte, es bei einer Pause zu wechseln. Den ersten Anstieg hatte ich schlichtweg unterschätzt und war vom Geh Tempo viel zu schnell unterwegs. Ein Lerneffekt es in den nächsten Tagen besser zu machen und mehr auf mich zu achten.

Mit neuer Energie ging es weiter den Berg hinauf. Als ich ein paar Meter von der Herberge entfernt war, wurde mein „Hallo" beim nächsten Überholvorgang nicht wie gewohnt mit einem „Good Morning" oder „Bon jour" erwidert. Nein, diesmal erhielt ich ein „Wie hallo??" zurück. Etwas verdutzt von der Antwort stellten wir uns gegenseitig vor. Louise, so hieß eine der jungen Damen, die einen lustigen weißen Hut und eine bunte Brille trug. Sie stellte mir Janaja, eine Kanadierin, die genauer gesagt aus Calgary kam, vor. Beide hatten sich erst vor zwei Tagen auf dem Weg vom Bahnhof Bayonne nach SJPDP kennengelernt und spontan entschieden, gemeinsam auf den Camino zu starten. Für die beiden war es auch der erste Pilgerweg in ihrem Leben. Zwischen uns entwickelte sich ein lockeres Gespräch, wobei wir ab jetzt ständig englisch sprachen, damit Janaja uns folgen konnte. Wir gingen die nächsten km gemeinsam und trafen dann auf einen Italiener, der mit einer kleinen Transportkarre reiste, um seinen schweren Rucksack nicht tragen zu müssen. Wir stoppten und er stimmte ein spontanes „O Sole Mio" an. Louise begleitete ihn mit besten Absichten, auch wenn sie kein Wort auf Italienisch mitsingen konnte.

Nach dem kurzen Duett gingen wir drei weiter. Der Weg verlangte uns nun wirklich alles ab. Die Steigung nahm sichtbar kein Ende. Dafür variierte der Härtegrad ständig. So hatte ich mir das nicht vorgestellt an Tag 1, auch wenn ich mir den Wanderführer aufmerksam durchgelesen hatte. Ohne es direkt zu merken, überschritten wir bei diesem Anstieg die Grenze und verließen bereits am ersten Tag Frankreich wieder. Ziemlich geschafft von der Tortur, erreichten wir bei immer noch bei bestem Wetter, den höchsten Punkt auf dieser Etappe, Col de Lepoeder auf 1.437m.

Ein paar Meter weiter gesellte sich Chris aus Koblenz zu uns. Da ihm nicht entgangen war, dass sich unsere kleine Gruppe auf Deutsch und Englisch unterhielt, kamen wir schnell ins Gespräch. Er begleitete uns bis zu unserem Tagesziel. In Roncesvalles folgte der Erleichterung angekommen zu sein, prompt der Ernüchterung, dass wirklich jedes der 218 Betten in der einzigen Herberge, dem Kloster für diesen Tag bereits vergeben waren. Wir waren einfach zu spät dran, es war nun bereits 17 Uhr. Unseren Stempel erhielten wir trotzdem, auch wenn wir hier nicht übernachten konnten.

Nach kurzer Diskussion mit den Herbergsvätern, wurden für uns Taxen organisiert, die uns zur nächstmöglichen Unterkunft brachten. Ein paar km weiter lag der Campingplatz von Urrobi. Dieser nahm immer mal die Pilger auf, die aus Platzgründen nicht in Roncevalles bleiben konnten. Wir erhielten unsere Zimmer mit mehreren Doppelstockbetten. Daran musste man sich ab jetzt gewöhnen. Erstmal raus aus den durchgeschwitzten Klamotten und ab unter die Dusche, dachte ich. Unsere Anziehsachen mussten wir per Hand waschen. Diese landeten zum Trocknen auf einer Wäscheleine im Gebäude. Zum Abendessen, in dem kleinen Restaurant auf dem Campingplatz gab es Makkaroni mit Lachs. Wobei das fast Nebensache war, wir hatten einfach nur tierischen Hunger! Keiner der Pilger hatte nach dem ersten Tag und diesem langen Marsch noch Lust sich selbst zu versorgen, zumal wir hier in der Nähe auch keinen Supermarkt entdecken konnten. So gab es erstmals ein sogenanntes „Pilgermenü". Eine Vorspeise, ein Hauptgericht und Nachtisch, sowie Wein oder Wasser dazu. Wir ließen uns den Rotwein schmecken und mussten alles andere als auf dem Trockenen sitzen, da hiervon reichlich vorhanden war. Der Abend endete in geselliger Runde, bevor jeder hundemüde ins Bett fiel.

Tag 2: Urriba – Zubiri

Durch die nötige Bettschwere schliefen wir alle wie Steine. Die erste Etappe hatte es wahrlich in sich. In der Nacht hatte es ergiebig geregnet und in den Morgenstunden war der Himmel noch ziemlich wolkenverhangen. Zwischen den Tannen hinter dem Campingplatz hang der Nebel und es nieselte leicht vor sich hin. Um 07:30 Uhr verließen Louise, Janaja, Chris und ich gemeinsam die Herberge. Ich fand das Wetter zum Wandern durch die hohe Luftfeuchtigkeit ideal. Lediglich unsere Rucksäcke statteten wir mit dem entsprechenden Regenschutz aus. Nach den ersten km durch Wälder und Felder beschlossen wir uns einen Café con leche zu gönnen und eine Kleinigkeit zu essen. Ich bestellte mir an diesem Morgen ein Baguette. Bei unserem kurzen Stopp trudelten auch Julius aus Berlin und Ivan aus Kroatien ein, die wir bereits am ersten Tag kennengelernt hatten, ich zu diesem Zeitpunkt nur vergessen hatte zu erwähnen. Unsere Gruppe wurde also größer.

Es ging weiter, oft auch an einigen Straßenabschnitten entlang. Dem Auge wurde an diesem Tag nicht sehr viel Abwechslung geboten und so erreichten wir, nach einem weiteren kleinen Stopp Zubiri. Unsere zurückgelegte Strecke betrug an dem Tag „nur" 18,5 km. Es war erst kurz nach 13 Uhr. Aber nach der gestrigen Bergetappe und der latenten Angst für heute wieder kein Bett im Zielort zu bekommen, sollte es für Tag 2 einfach gut sein. Uns fehlte hier einfach noch Erfahrung und Routine, um einschätzen zu können, wann wir am besten unser Tagesziel erreichen. Hinzu kam, dass ich mich in unserer kleinen Gruppe sehr wohl fühlte und diese nicht schon wieder verlassen wollte. Da alle anderen, bis auf Janaja, beschlossen in Zubiri zu bleiben. Uns zog es gemeinsam in die Albergue Municipal, der allgemeinen Herberge im Ort. Nach dem "Einchecken" war es Zeit, das Bett zu beziehen. In jeder Unterkunft erhielten die Pilger einen Einmalbezug für Bett und

Kissen für ihre Übernachtung. Nach der erfrischenden Dusche freuten sich vor allem meine geschundenen Füße über eine ordentliche Portion Hirschtalgcreme :-). Meiner Meinung nach unabdingbar auf dem Camino.

Nachdem alle mit ihren persönlichen Erledigungen fertig waren, konnten wir zusammen los um uns für das Abendessen einzudecken. Im Ort fanden wir einen kleinen, beschaulichen Supermarkt, in dem wir uns mit Nudeln, Sauce Bolognese und Salami versorgten. Da es noch früher Nachmittag war, ging es nach dem Einkauf nicht direkt zurück zur Herberge, sondern an den schönen Fluss, den wir bei der Ankunft in Zubiri entdeckt hatten.

Jeder deckte sich beim Einkauf noch mit der ein oder anderen Dose Bier ein, sodass wir den Nachmittag, als wir am Fluss ankamen, gemütlich ausklingen lassen konnten. Vor Ort trafen wir einen weiteren Pilger, Michel aus Polen. Er war ebenfalls von SJPDP gestartet und so unterhielten wir uns über unsere jungfräulichen Pilgererfahrungen. Wir waren uns einig darüber, dass uns die Pyrenäen mehr abverlangt hatten als wir beide es dachten. Nicht nur der Aufstieg, auch der steile Abstieg hatte es in sich. Michel war bis jetzt allein unterwegs und plante den Camino auch allein weiterzugehen. Da es in der Sonne noch ordentlich warm war, kühlten wir unsere Füße im kalten Wasser des Flusses ab.

Da so eine Truppe nicht lange unbemerkt blieb, gesellten sich etwas später noch zwei Frauen aus Schweden dazu, die am Fluss entlang gingen. Gemeinsam wurde es ein sehr unterhaltsamer Nachmittag. Als die Dämmerung einsetzte, wurde es dann doch mal Zeit zur Herberge zurückzukehren. Wir hatten allen Hunger. Julius, der privat gerne kocht, schnappte sich beim Eintreffen an der Herberge direkt die Zutaten für unser Abendessen. Der Rest der Gruppe verbrachte zusammen mit den anderen Pilgern, die hier eingekehrt waren, die Zeit im Innenhof und verzehrten so noch das ein oder andere Getränk. Was jedoch nur möglich war, da Ivan unseren Vorrat zwischenzeitlich wieder aufgefüllt hatte, nachdem er fast unbemerkt beim Supermarkt war.

Der Koch hatte währenddessen ganze Arbeit geleistet. Gemeinsam saßen wir draußen an einem langen Holztisch und gönnten uns die Nudeln. Wir hatten alle einfach tierischen

Hunger. Plötzlich und wie aus dem Nichts brach ein Gewitterschauer über uns herein. Zack und vorbei war es mit der Gemütlichkeit. Jeder sah zu, dass er sein Essen und seine Sachen unter das Vordach der Herberge rettete. Eine gute Stunde prasselte der Regen herab ehe sich das Wetter wieder beruhigte und die Sonne sich wieder blicken ließ. Nun blieb noch genug Zeit, um die eigenen Sachen wieder trocken zu bekommen, um am nächsten Morgen bestens vorbereitet starten zu können. Niemand will mit nassen Klamotten loslaufen müssen, wenn es sich irgendwie vermeiden ließe. Die Socken würden in den Schuhen nur zwangsläufig zu Blasen führen. Derartige Schmerzen sind auf Dauer unerträglich. Der Wandertag würde zur Tortur. Da hilft nur noch ein Blasenpflaster oder gleich mehrere. Nicht ohne Grund stehen auf dem Camino in regelmäßigen Abständen Versorgungsautomaten, die nicht nur Getränke und Snacks bereithielten, sondern eben auch Pflaster oder ähnliches.

In unserer Herberge gab es zum Glück Waschmaschine und Trockner, was nicht in jeder Unterkunft der Fall war. Oftmals musste man sich auch mit einer einfachen Handwäsche zufriedengeben. Ehrlich gesagt, reichte das an den meisten Tagen auch völlig aus. Wir legten unsere Klamotten zusammen und warfen die erste Maschine an. Neben Waschen und Trocknen klang der Abend so bei dem ein oder anderen Getränk und guten Gesprächen im Innenhof der Herberge aus, bevor sich jeder nach und nach in sein Bett verzog.

Tag 3: Zubiri – Pamplona

Da die meisten Pilger aus unserer Herberge bereits sehr früh in den Tag starteten, wurde ich durch das Gewusel und Geraschel automatisch wach. Mein Wecker, die vibrierende Smartwatch war also an diesem Morgen völlig überflüssig. So kam es, dass wir alle wieder gemeinsam gegen 7.30 Uhr die Unterkunft verließen. Der Himmel war leicht bewölkt. Am Ende des Horizonts konnte man so langsam die Sonne aufgehen sehen, bedingt durch die Zeitverschiebung ca. eine Stunde später als in Deutschland. Bevor wir den Ort Zuriáin nach knapp 10 km erreichten, lernte ich Kelly aus Australien an einer kleinen Anhöhe kennen. Ich war total baff, welch weiten Anreiseweg sie auf sich genommen hatte, um hier in Nordspanien pilgern zu können. Schon jetzt bekam ich einen Eindruck welche Anziehungskraft dieser Weg auf die Menschen aus aller Welt hatte. Sie begleitete uns ein Stück und ich konnte mich sehr gut auf Englisch mit ihr unterhalten. Nach dem kurzen Smalltalk mit ihr machte unsere Gruppe eine kurze Pause, während es Kelly weiterzog.

Der Stopp kam mir wie gerufen. Schon jetzt, nach den ersten zwei Tagen spürte ich deutlich die Strapazen des Wanderns. Mich plagten zwar keine Blasen an den Füßen, jedoch hatte ich schon nach den ersten 10 km Schmerzen unter den Füßen und in den Waden. Also befreite ich in der Pause meine Füße erstmal von den schweren Wanderschuhen. Sie hatten mir beim Auf- und Abstieg über die Pyrenäen sehr gute Dienste geleistet, waren aber eben auch kein Leichtgewicht an den Füßen. Hinzu kam natürlich auch das Gewicht vom Rucksack, welches mit vollen Wasserflaschen bei gut 10 kg lag. Nach gut einer halben Stunde ging es für uns weiter und ich merkte, nach den ersten Schritten wie effektiv es war, regelmäßig eine Pause einzulegen. An einer Gabelung trennte sich unsere Gruppe für eine bestimmte Zeit, da es ab hier zwei Möglichkeiten gab, weiterzugehen.

Der eine führte am Flussufer entlang und ein anderer, laut dem Wanderführer, an einer kleinen Kapelle vorbei. Ich entschied mich für die Kapelle und erreichte so Zabaldika. Der Rest unserer Gruppe wählte den Weg entlang des Flusses. Ich stoppte an der Iglesia de San Esteban. Beim Betreten des Gotteshauses wurde ich von einer liebenswerten älteren Dame freundlich auf Spanisch begrüßt. Nachdem ich mich in Ruhe umgesehen hatte, entdeckte ich in einer Ecke ein Schild, welches darauf hinwies, im Dachgeschoss die Glocke zu läuten. Gesagt getan. Ich ging die knarzenden kleinen Holzstufen nach oben in den kleinen Turm der Kapelle. Ein erhabener Moment als ich das kleine Seil gegen die Glockenwand schlagen konnte. Ich bekam Gänsehaut, als der tiefe Ton der Glocke erklang. Wann hat man denn schon mal so eine Gelegenheit?

Als ich wieder unten war und die Kapelle gerade verlassen wollte, drückte mir die besagte Dame einen kleinen weißen Zettel in die Hand auf dem die zehn „Seligpreisungen des Pilgers" geschrieben standen. Wieder im Freien, nahm ich mir die Zeit und las mir diese sehr aufmerksam durch und hielt einen Moment inne. Ich fühlte mich bei den Zeilen vom Geist des Camino berührt einfach völlig unbeschwert und frei. Ein wohlig warmes Gefühl durchzog meinen ganzen Körper, ob ihr es glaubt oder nicht! Ich fühlte, dass es richtig war jetzt und hier auf dem Weg zu sein. So verweilte ich noch etwas im Vorgarten der Kapelle und ließ dieses Gefühl auf mich wirken.

Zabaldika

SELIGPREISUNGEN DES PILGERS

1- Selig bist Du, Pilger, wenn Du entdeckst, daß Dir der "Weg" (camino) die Augen geöffnet hat für das, was unsichtbar ist.
2- Selig bist Du, Pilger, wenn Du begreifst, daß nicht Du allein ans Ziel kommen mußt, sondern Du zusammen mit anderen.
3- Selig bist Du, Pilger, wenn Du auf dem "Weg" meditierst und entdeckst, daß er voller Namen ist.
4- Selig bist Du, Pilger, wenn Dir bewußt wird, daß der wahre "Weg" erst beginnt, wenn Du ihn bis zum Ende gegangen bist.
5- Selig bist Du, Pilger, wenn Dein Rucksack ganz geleert ist und Dein Herz nicht weiß, wohin es soll mit allen Emotionen und Gefühlen.
6- Selig bist Du, Pilger, wenn Dir klar wird, daß ein Schritt zurück, um einem anderen zu helfen, wertvoller ist, als 100 Schritte vorwärts, ohne den anderen an Deiner Seite zu sehen.
7- Selig bist Du, Pilger, wenn Du überwältigt bist und keine Worte des Dankes findest für alles, was Dich an jeder Biegung oder Kurve überrascht.
8- Selig bist Du, Pilger, wenn Deine Suche nach Wahrheit Dir den "Weg" zum Leben macht und Dein Leben zu einem Weg auf der Suche nach dem Einen, der Weg und Wahrheit und Leben ist.
9- Selig bist Du, Pilger, wenn Du Dir selbst auf dem "Weg" begegnest und Du Dir Zeit läßt, ohne zu hetzen, damit Du das Bild in Deinem Herzen nicht unbeachtet läßt.
10- Selig bist Du, Pilger, wenn Du entdeckst, daß der "Weg" ein Weg der Stille und des Gebetes ist und, daß das Gebet Dich den Vater finden läßt, der auf Dich wartet.

Es ging weiter in Richtung Pamplona, dem heutigen Tagesziel. Die Wege trafen wieder aufeinander und so sah ich Louise und Chris nach kurzer Zeit wieder. Ich erzählte ihnen von meinem Erlebnis. Sie waren etwas neidisch das verpasst zu haben, da der Weg entlang des Flusses eher unspektakulär war. Hinter einer Brücke legten wir gemeinsam eine Pause ein, als kurze

Zeit später auch Ivan und Julius eintrudelten. Es war jetzt ca. 14 Uhr.

Es ging durch ein paar kleine Städtchen weiter und an Feldern entlang. Dann bot sich uns ein erster Blick über Schrebergärten und Bäume hinweg auf die mittelalterliche Silhouette Pamplonas, wo wir gegen 15.30 Uhr einliefen. In der großen Herberge war noch ausreichend Platz für uns alle. Nachdem sich alle frisch gemacht hatten, ging es zusammen für etwas Sightseeing in die Stadt. Dabei kauften wir für das Abendessen ein und trafen Janaja, die wir an diesem Tag überhaupt nicht mehr gesehen hatten, weil sie einfach schneller unterwegs war.

Wir nannten Sie mittlerweile liebevoll „Spider", da uns ihr Laufstil mit den Gehstöckern doch sehr an eine Spinne erinnerte :-). Am Mittag fand in Pamplona ein typischer Stierlauf statt, den wir zum Glück verpasst hatten, als wir die Stadt gegen Nachmittag erreichten. Die Aufbauten in den Straßen und auf einem Platz waren noch gut zu erkennen. Zurück in der großen Herberge, kochten und aßen wir zusammen und ließen den Abend in Ruhe ausklingen. Trotz der heute "nur" knapp 22 km waren alle auch an diesem Tag einfach platt und wieder zeitig reif fürs Bett. Man merkte, dass uns die Pyrenäen nachhaltig in den Knochen steckten und niemand von uns derartige tägliche Anstrengungen gewöhnt war.

Tag 4: Pamplona – Puenta de la Reina

Unsere Körper hatten sich in der Nacht bestens repariert. So konnten wir nach einem kleinen Frühstück in der Bar Leo gegenüber der Herberge wieder starten. Es war kurz nach 7 Uhr. Der Weg führte uns noch eine Weile durch die Stadt, bevor es wieder leicht bergauf ging. Der Windpark auf dem Bergkamm war schon von weitem gut zu erkennen. Da ich mich an diesem Tag körperlich richtig gut fühlte, enteilte ich den anderen mit jedem Schritt. Ein paar km weiter traf ich in einem Café sitzend „Spider" wieder, die sogar noch vor unserer Gruppe los zog an diesem Morgen. Nach einem kleinen Snack und einer kurzen Pause gingen wir gemeinsam weiter. An der nächsten Anhöhe entdeckten wir zum ersten Mal einen kleinen liebevoll eingerichteten Stand für die Pilger. Gegen eine kleine Spende, auf Spanisch „Donativo", gab es hier Kaffee, Obst oder kalte Getränke für die Pilger.

Gegen 10 Uhr erreichten wir die Bergkuppe am Alto del Perdón. Durch das gute Wetter hatten wir eine fantastische Aussicht auf das weite Land um uns herum.

Nachdem wir diesen Ausblick am Morgen genossen hatten, gingen wir weiter und entdeckten an einer Ecke eine Schlange von Pilgern vor einem Tisch. Was es denn da wohl Spannendes zu sehen gab?! Neugierig gingen wir näher, um dann zu entdecken, dass es hier oben einen ganz außergewöhnlichen Stempel für den Pilgerausweis gab. Ein junger Mann hantierte dort mit einem Bunsenbrenner, einem Löffel und rotem Wachs. Einen Stempel nach dem anderen fertigte er für die wartenden Pilger an. Geduldig sahen wir seiner Arbeit zu und waren einfach froh nicht vorbeigegangen zu sein

Mit dem tollen Stempel in unserem Pilgerpass bedankten wir uns höflich und hinterließen dem jungen Mann natürlich eine angemessene Spende. Glücklich und mit einem Lächeln auf dem Gesicht gingen wir gemeinsam weiter. Der Abstieg von der Anhöhe war sehr anspruchsvoll, rutschig und verlangte unsere volle Aufmerksamkeit. Der Weg bestand größtenteils aus groben Steinen, bei denen ich froh war, meine Wanderschuhe am Fuß zu haben.

Wir gönnten wir uns im nächsten Ort ein kleines Mittagessen, bevor es weiterging. Entlang an ein paar schönen Kirchen, in denen es weitere Stempel zu ergattern galt. Zu Beginn meiner Reise hatte ich noch die Sorge, ob ich denn genügend Stempel sammeln werde, um mein Zertifikat in Santiago zu erhalten. In einigen Berichten und Blogs, die ich vorher gelesen hatte, wurde das Thema schon sehr heiß gekocht, da man, wie sich jetzt herausstellte nicht nur in den Herbergen, sondern auch in Kirchen, Cafés oder eben auch am Wegesrand einen Stempel bekam, wenn man ihn denn wollte. Nun war bei mir nach drei

Tagen eine regelrechte Sammelleidenschaft entstanden und ich war jedes Mal total neugierig, wie wohl der nächste Stempel aussehen würde.

Gegen halb drei erreichten wir unser Tagesziel, Puenta de la Reina. Mein Kilometerzähler zeigte heute 23,7 an. Wir trafen auf die erste von Christen geführte Herberge der Padres Reparadores. Nachdem wir alle unser Bett bezogen hatten, ging ich in den Ort um im nächsten Supermarkt etwas Brot, Salami und Obst zu kaufen. Auf dem Weg zurück kam ich an einem Restaurant vorbei in dem ein mir vom Aussehen her bekannter Pilger saß. Ich grüßte ihn und er winkte mich zu ihm. Thomas aus Dänemark, so stellte er sich vor.

Gemeinsam tranken wir zwei Bier zusammen, tauschten uns über den Camino aus und wie wir beide den Weg bisher empfanden. Nach dem Gespräch zog es mich zurück in die Herberge um in dem wunderschönen Garten der Anlage etwas zu Essen. Nachdem ich mein beschauliches Mahl im Garten sitzend aufhatte, trudelten Janaja und der Rest der Gruppe nach und nach auch ein. Sie setzten sich zu mir. Unser Tisch füllte sich mit weiteren Pilgern und es wurde lauter und unterhaltsamer :-). Die verschiedenen Nationen redeten jetzt kreuz und quer am Tisch verteilt miteinander, natürlich meist auf Englisch. Nach einiger Zeit trieb dann der Hunger alle am Tisch sitzenden in den Ort um etwas zu Essen, da es in dieser Herberge kein Restaurant gab.

Ich blieb im Garten, genoss das großartige Wetter und saß nun tatsächlich allein an dem großen Tisch. Die Ruhe wurde jedoch ein paar Minuten später wieder gestört. Diese nahm ich jedoch gerne in Kauf. Mike aus San Diego setzte sich spontan zu mir. Er war seit einem Jahr Rentner und erzählte einfach fröhlich drauf los. Sein Akzent klang verdammt nach dem eines Cowboys, der geradewegs von seiner Ranch hierhergekommen war. Er wollte seine Schwester gestern in Pamplona treffen. Leider hatte die Kommunikation der beiden über das Smartphone nicht richtig funktioniert, sodass sie sich heute in der Stadt verpasst hatten. Mir tat dies sehr leid als ich das hörte und er wirkte beunruhigt. Hoffentlich war ihr nichts passiert und der Camino brachte die beiden in den nächsten Tagen wieder zusammen. Auch ein paar Tage später musste ich noch an Mike denken und ob die beiden denn zusammengefunden hatten. Durch mein Wandertempo sah ich Mike leider nicht mehr wieder. Zwei weitere jüngere Pilger aus Irland und Frankreich gesellten sich zu Mike und mir. Ich erzählte den Beiden davon, dass ich mir Notizen machte, um doch im Nachhinein von meinen Erlebnissen erzählen zu können.

Louise, Janaja, Julius und einige andere kamen aus der Stadt zurück. Gemeinsam wollten sie vorne vor der Herberge noch etwas "abhängen". Ich muss jetzt mal erwähnen, dass meine Pilgergruppe einen Altersschnitt von knapp 21 Jahren hatte und sie mich doch etwas als ihren Pilgervater ansahen :-). Ob das an meinen grauen Haaren lag, lasse ich jetzt mal unkommentiert. Sie gaben mir Bescheid und wenig später saßen wir auf dem noch warmen Asphalt der Straße vor der Herberge. Autos waren um diese Zeit, so kurz nach 22 Uhr, in der kleinen Gemeinde sowieso keine mehr unterwegs. Julius kramte eine Mundharmonika aus seiner Tasche und wir stimmten gemeinsam den "Camino Blues" an, ein selbst kreiertes Lied, bei dem alle mitsingen konnten.

Es wurde nach Pilgerzeit ungewöhnlich spät an diesem Abend und niemand wollte wirklich schlafen gehen. Um morgen jedoch einigermaßen ausgeschlafen in den Tag starten zu können, verschwand jeder kurz nach 23 Uhr in sein Bett.

Tag 5: Puenta de la Reina – Estella-Lizarra

Auch an Tag 5 ging es, trotz der etwas kurzen Nacht wieder um die gewohnte Zeit los. Im Vorraum der Herberge traf ich viele aus unserer Gruppe wieder (Louise, Julius, Ivan und Chris). Alle waren dabei sich startklar zu machen. Schuhe schnüren, Rucksack auf und los. Ich entschloss mich jedoch heute allein zu starten. Es fühlte sich irgendwie richtig an nicht mit der Gruppe zu gehen, obwohl mir alle in den letzten Tagen ziemlich ans Herz gewachsen waren. Wir hatten unsere Nummern getauscht und so verließ ich die Herberge. Ich kann es nur so beschreiben, dass mich der Camino wie ein Magnet anzog und er allein entdeckt werden wollte, oder mit weiteren Weggefährten. Nach einigen Kilometern sah ich die Sonne am Horizont langsam aufgehen als mich der Weg ein Stück an der Autobahn entlangführte.

Etwas später säumten dann Weinberge und Olivenbäume den Weg. Es ging bisher nur leicht bergauf und bergab und es war kein Vergleich zu den ersten Etappen. Gerade als ich das laut gedacht hatte, wartete jedoch die erste Herausforderung des Tages auf mich. Es ging über eine alte Römerstraße kurz hinter dem Ort Cirauqui.

Nachdem ich diese hinter mir gelassen hatte, schoss mir der Gedanke in den Kopf, dass ich jetzt nach den ersten Etappen schon nicht mehr wusste, welchen Wochentag wir hatten. Verrückt, dachte ich und doch gleichzeitig ein total befreiendes Gefühl. Als Pilger verlief im Grunde jeder Tag gleich und es spielte überhaupt keine Rolle, ob Montag oder Sonntag war, das wurde mir jetzt unheimlich bewusst. Hinzu kam, dass ich mein Social Media (Facebook und WhatsApp) seit Beginn des Weges von meinem Smartphone verbannt und deinstalliert hatte. So wurde ich nicht täglich von Messages abgelenkt und nur angerufen, wenn es wirklich etwas Wichtiges gäbe.

Hinter dieser Römerstraße erschien eine Anhöhe, auf der es wieder ein paar Erfrischungen (Obst und Kaffee) gegen eine kleine Spende für die Pilger gab. Auf dem bisherigen Weg hatte ich bisher immer das Gefühl, an jeder Stelle des Weges irgendwie versorgt zu sein, auch wenn man morgens einmal nicht ausreichend Proviant mitgenommen hatte. Lorca, nach ca. 14 km, war mein erster Stopp an diesem Tag. Die Tortilla mit Kartoffeln und Gemüse, der Café con leche und der so unfassbar leckere frisch gepresste Orangensaft waren nach knapp 3 ½ Stunden ein Traum. Jeden Tag aufs Neue konnte ich mich so nach den ersten zwei oder drei Stunden des Wanderns so belohnen und freute mich immer schon nach dem Aufstehen auf diesen ersten Stopp.

Mein Appetit ließ jedoch insgesamt nach den wenigen Tagen tagsüber schon deutlich nach, obwohl ich ja täglich ordentlich Kalorien verbrannte und mich außergewöhnlichen Belastungen aussetzte. Mein Wunderwerk Körper stellte sich wahnsinnig schnell auf die veränderten Bedingungen ein und passte sich schlichtweg an. Leichte Mahlzeiten und auf genug Flüssigkeit achten waren das Gebot. Nebenbei merkte, dass ich mich jetzt, nach den ersten paar Tagen viel seltener mit anderen Pilgern beim Wandern unterhalten wollte, als noch zu Beginn des Caminos.

Ich wollte einfach nur wandern, den Weg erkunden und die Situation genießen, wie sie gerade war. Möglich, dass mir dadurch gerade interessante Gesprächspartner aus allen Ecken der Welt entgehen, aber ich wollte jetzt lieber bei mir sein. Meine Gedanken waren ganz bei mir und dem Weg. Es war erstaunlich. Mit meinen täglichen Aufgaben, morgens an alle meine Sachen zu denken, die in den Rucksack mussten, den gelben Pfeilen oder Hinweisen am Weg folgen und einen Platz für die Nacht zu finden, war ich total beschäftigt und ausgelastet. Kein Gedanke an zu Hause und den Problemen oder Schwierigkeiten die mich sonst begleiteten.

Die Strecke war heute nicht besonders lang (21,8 km), aber ich spürte meine Füße wieder deutlich. Die Kombination von Gepäck und den schweren Wanderschuhen zerrten doch sehr an meinem Körper. So beschloss ich für den nächsten Tag auf meine bequemeren Sneaker zu wechseln, die ich im Rucksack hatte. Estella-Lizarra war kurze nun erreicht. Nach dem Zimmerbezug und Duschen traf ich Julius und Janaja wieder. Die beiden hatten auf dem Weg noch zwei Franzosen kennengelernt. Wir zogen alle gemeinsam los in die Stadt. Ganz in der Nähe sollte es einen Salzwasserbrunnen geben, den wir suchten und auch fanden. Wir blieben eine Weile dort, ehe wir in den angrenzenden Park rübergingen, nicht zuletzt durch die Musik, die von weitem hörbar war.

Ich ging zu einer Bar, die wir im Park entdeckt hatten und organisierte uns ein paar kalte Biere. Ein schattiges Plätzchen, lud uns zum Karten spielen ein. Die beiden Franzosen erklärten uns das Spiel, welches sie zu Hause so gerne spielten. So verging die Zeit sehr schnell und wir mussten uns schon bald wieder auf den Weg machen, wenn wir etwas zu Abend essen wollten. Julius, Janaja und ich entschieden uns für die Bar gegenüber unserer Herberge. Gerade als wir im Außenbereich einen freien Tisch ergattert hatten, setzte wie auf Kommando ein heftiger Platzregen ein. Durch das Zeltdach geschützt, genossen wir den Anblick auf den nahen liegenden Fluss und den prasselnden Regen. Nach dem Essen ging es alsbald zurück in die Herberge und wenig später ins Bett.

Tag 6: Estella-Lizarra – Torres del Rio

Heute ging es um kurz nach 7 Uhr los. Der Regen, der mit dem Abendessen eingesetzt hatte, hörte zum Morgen hin zum Glück wieder auf. So fand ich wieder perfekte Bedingungen vor, um zu starten. Die Luft war herrlich frisch und klar. Wie gestern geplant, wechselte ich meine Schuhe und trug nun die viel bequemeren und leichteren Sneaker. Ein großartiges Gefühl. Die Bergwanderschuhe hatten mich sicher über die Pyrenäen gebracht, waren aber für das flachere Gelände einfach überdimensioniert. Da diese nicht in den Rucksack passten, kamen sie kurzerhand von außen an selbigen. An zwei Karabinerhaken befestigt, schnürte ich beide Schuhe fest zusammen, damit sie nicht beim Laufen hin und her baumelten. Der Weg zog sich fast durchgängig durch ebenes Gelände, entlang an einigen Straßen und abgeernteten Getreidefeldern. Ich dachte darüber nach, wie es wohl war im Winter oder Frühjahr zu pilgern und sich auf völlig andere Bedingungen einzustellen zu müssen. Dagegen hatte ich im Spätsommer schon sehr perfekte Voraussetzungen, ohne große Überraschungen, zumindest empfand ich das bis jetzt so. Beim Betrachten des Feldes kam mir der Gedanke ob sich hier etwa schon die Iberische Meseta ankündigte? Im Wanderführer hatte ich einiges darüber gelesen und auch einen gewissen Respekt vor diesem Teil des Camino.

Mein Wasservorrat vom Morgen war nach ca. zwei Stunden fast völlig aufgebraucht, als ich passenderweise einen Brunnen entdeckte. Auf die erste Freude folgte jedoch die Enttäuschung, da aus diesem kein einziger Tropfen mehr zu ergattern war. So ging es erst einmal ohne Wasser weiter. Der Weg führte mich weiter durch einige Weinberge und auf gut zu laufenden Schotterwegen. Die Luft war trocken und die Sonne hatte auch noch jetzt ordentlich power, obwohl es schon Spätsommer war. Auf Sicht war jetzt weit und breit kein Ort zu erkennen. Ich wurde etwas unruhig und bekam so langsam richtig Durst. Aber der Camino wäre nicht der Camino, wenn er nicht immer wieder eine Überraschung bereithielt. Wie aus dem Nichts erschien nach der nächsten Abbiegung eine kleine „Oase". Ein Verkaufswagen mitten im Nirgendwo.

Sehr erleichtert und auch dankbar steuerte ich direkt auf ihn zu und ließ meinen Rucksack an einem Tisch auf den Stuhl plumpsen. Gerade in den ersten Tagen hatte ich das Gefühl, jedes Mal, wenn ich den Rucksack absetzte, wieder einige Zentimeter gewachsen zu sein :-). Ich war der Empfehlung gefolgt und schleppte täglich so ca. 10% meines eigenen Körpergewichts mit mir rum. Heißt im Umkehrschluss, dass mein Rucksack ca. 9 kg schwer war mit gefüllter Wasserflasche auch knapp über 10 kg. Das Baguette, der O-Saft und der Kaffee schmeckten grandios und taten einfach richtig gut. Ich befreite meine Füße von den Schuhen und legte diese erstmal hoch. Ich saß eine ganze Weile dort und beobachtete die vorbeiziehenden Pilger, als ich Julius und Janaja am Weg entdeckte. Sie kamen auf mich zu und machten ebenfalls eine Pause. Wir genossen unser schattiges Plätzchen gemeinsam. Mit aufgefüllten Wassertanks ging es wieder auf den Weg. Als wir an einigen Weinbergen in der Region Navarra entlangkamen, konnten wir nicht widerstehen, griffen zu und probierten einige von den köstlichen Trauben.

Fast Schlag 12 Uhr erreichten wir nach knapp 23 km Los Arcos. Unbewusst hatten wir gemeinsam richtig gut Tempo gemacht auf den zurückliegenden Kilometern. Im Ort angekommen, fanden wir auf dem Marktplatz neben der schönen Kirche einen freien Tisch und ließen uns nieder. Julius griff zum Telefon und rief seine Eltern an, um ein Lebenszeichen in die Heimat abzugeben. Ich nutzte die Gelegenheit, um am nächsten Geldautomaten an der Ecke meinen Bargeldbestand wieder etwas aufzufüllen. Er beschloss es für heute gut sein zu lassen und blieb in Los Arcos. Mich zog es noch etwas weiter. So begleitete er mich ein Stück aus der Stadt heraus bis zu seiner Herberge und wir verabschiedeten uns. Janaja hatte sich ebenfalls schon vor mir auf den Weg gemacht. Auf dem Weg nach Torres del Rio schnappte ich mir ebenfalls mein Telefon und rief einen guten Freund in Bochum an.

Was ich ihm erzählte fand er total spannend, konnte sich aber selbst nicht vorstellen, sich täglich derartigen Anstrengungen zu unterziehen. Ganz zu schweigen von den Massenherbergen und der fehlenden Privatsphäre. Er bewunderte mich für das was ich tat. Noch vor Torres del Rio holte ich "Spider" Janaja ein und wir kamen gemeinsam dort an. Nun waren es heute 30 km geworden und die Sneaker waren definitiv die richtige Entscheidung. Ich hatte einfach viel weniger Schmerzen an den Füßen als in den vergangenen Tagen. Nach diesem Marsch entschieden wir uns direkt für die erste Herberge im Ort auf die wir zuliefen. Beim „Check in" im Hostal Rural San Andres entdeckte ich im Innenhof einen Pool und ließ meinen Blick über die kleine Anlage schweifen. Im Eiltempo bezog ich mein Bett und holte die Badeshorts aus meinem Rucksack. Ab jetzt hieß es "Pool-Time" bei immer noch strahlend blauem Himmel.

Tom aus Osnabrück saß ebenfalls am Pool. Wir machten uns bekannt und tranken das ein oder andere Bier zusammen. Er war schon etwas länger auf dem Camino unterwegs, doch seine Tagesetappen waren wesentlich kürzer als meine. Es war auch mal wieder sehr angenehm sich auf Deutsch unterhalten zu können. Ich mag es mich auf Englisch zu unterhalten, aber irgendwann wird es dann einfach anstrengend, weil ich intensiver Zuhören und Nachdenken muss, wie ich etwas sagen kann. Der Sprung ins kalte Nass war Belohnung für die heutige Wanderung. Der Nachmittag verging wie im Flug. Der

Weg steckte mir doch in den Knochen und nach einiger Pool-Time, fühlte ich mich einfach körperlich platt. So verabschiedete ich mich von Tom, zog mich vor dem Abendessen aufs Zimmer zurück und haute mich noch eine Runde aufs Ohr.

Pünktlich zum Abendessen holte mich meine Uhr aus dem Schlaf und es ging in das Restaurant des Hostels. Neben mir und Tom saßen noch Pilger aus Dänemark und Frankreich am Tisch, sodass wir wieder durchgängig englisch sprachen. So interessant es auch war, so anstrengend war es für mich auch bei so vielen Leuten dem gesprochenen Wort folgen zu können und zu verstehen. Der Abend klang bei einem leckeren Essen und gutem Rotwein so langsam aus.

Tag 7: Torres del Rio – Logroño

Noch vor meinem Wecker ging es raus aus den Federn. Mein Körper hatte sich mittlerweile an die Aufstehzeiten auf dem Camino gewöhnt und holte mich so aus dem Schlaf. Es war kurz vor 7 Uhr. Eine Woche war ich nun schon unterwegs und hinter mir lagen bereits 141 km. Verrückt, wenn ich so darüber nachdachte. Ich konnte mich noch gut daran erinnern, wie ich mich nach der ersten Etappe fühlte und ich dachte: So, jetzt hast du ganze 25 von 800 km geschafft :-) *Ironie aus*. An die Gespräche der anderen Pilger konnte ich mich noch sehr gut erinnern, als diese darüber fachsimpelten, wie viele Tage sie wohl bis Santiago benötigen werden. Ich hatte dazu gar keine Meinung, für mich war das kein Wettlauf und daher völlig unwichtig. Woher sollte ich jetzt wissen wie es mir gehen wird oder welche Ereignisse mich womöglich am Weitergehen hindern könnten. Mein Limit waren einfach die sechs Wochen, die ich mir frei nehmen konnte, um hier zu sein.

Ich startete an diesem Morgen wieder allein, Janaja schien noch zu schlafen. Als ich Torres del Rio gerade verlassen wollte, sprachen mich in der Dunkelheit zwei Pilger an, die mir den Tipp gaben, doch noch in den Innenhof einer Scheune an der Ecke zu gehen. Hier würde es einen besonderen Stempel geben, der aus einem bekannten Zitat bestand. Neugierig suchte ich die besagte Scheune auf.

Übersetzt bedeutete der Stempel sinngemäß: *"Du musst nicht in Eile sein, um etwas zu erreichen. Das Ziel ist nicht das Ziel. Du wirst die Antworten auf dem Camino finden."*

Ich ging durch die große Holztür zu einem kleinen Tisch, an dem es den begehrten Stempel gab. Nach einer kleinen Spende und einem herzlichen Muchas Gracias verließ ich den Ort ziemlich happy und dankbar, dass mich die Pilger angesprochen hatten. Nun trug ich diesen außergewöhnlichen Stempel in meinem Pilgerpass. Der Weg war bis auf ein paar kleine Steigungen und Senken sehr angenehm zu laufen. Auch heute war ich wieder in den Sneakern on tour. Die Wanderschuhe waren gut von außen am Rucksack befestigt. Mit Elke aus Augsburg, die ich an diesem Morgen kennen lernte, ging ich ein ganzes Stück, bis wir zu einem kleinen Stand kamen, an dem es gegen eine kleine Spende Erfrischungen und Snacks gab. Den Kaffee hier hätte ich mir allerdings getrost schenken können, da er fast ungenießbar war. Um eine Erfahrung reicher halt... Aber ihr wisst schon was kommt, der Camino wäre nicht der Camino, wenn er einem nach dieser Enttäuschung nicht wieder etwas zurückgeben würde. Der Weg ging weiter in Richtung Viana. Als es heller wurde und ich mich umdrehte, konnte ich einen wunderschönen Sonnenaufgang am Horizont genießen. Der Weg führte mich weiter auf eine Hochebene. Oben angekommen entdeckte ich am Wegesrand unzählige Steinmännchen mit kleinen Botschaften, die die Pilger hier hinterließen.

Hinter dieser Hochebene ging es teils steil bergab. Ab hier zierten wieder unzählige Weinberge den Weg. In Viana, der letzten Stadt der Region Navarra, stoppte ich. Nach knapp drei Stunden Wandern war es Zeit für ein Frühstück. Gleichzeitig eine gute Gelegenheit den Füßen etwas Frischluft zu bieten. In der wohltuenden Pause beobachtete ich das Treiben in der Stadt, heute war Sonntag. Es sah ganz danach aus als fände heute ein Fest statt. Ich erblickte eine Menge "Gestalten" auf den Straßen. Auf meine Nachfrage hin, stellte sich heraus, dass sich unter all diesen Kostümen Kinder verbargen :-). Als ich weiter ging, traf ich auf Lisa aus Bremen. Nach dem ersten Kennenlernen unterhielten wir uns sehr schnell über psychische Erkrankungen, da sie selbst erst vor kurzem genau aus diesem Grund ein Jahr krank war. Wir tauschten uns auf Anhieb sehr offen über dieses Thema aus. Ich war dankbar, dass sie ihre Erlebnisse mit mir teilte.

Das war und ist das Besondere auf dem Camino. Fast immer lauten die ersten Sätze beim Kennenlernen: Wie heißt du? Wo kommst du her? Warum bist du hier? So kam man, wenn man wollte, sehr schnell dazu, wildfremden Menschen die persönlichsten Dinge zu erzählen. Eine Art Seelentherapie beim Wandern. Völlig normal hier auf dem Camino. Hier haben diese Dinge den Raum, ohne Scham über sie reden zu können. Ich erzählte ihr auch von meiner Situation, meinen Bruder betreffend. Wir entdeckten viele Gemeinsamkeiten in den Erlebnissen und Erfahrungen und wie wir beide damit bisher umgegangen waren. So unterhielten wir uns sehr lange und intensiv während wir die Region Rioja erreichten. Bei aller

Ernsthaftigkeit und Wertschätzung für unser Gespräch musste ich doch hier schnell ein Foto machen.

Etwas weiter trennten sich unsere Wege wieder, da Lisa noch einen weiteren Stopp einlegen wollte. Ich dankte ihr für das tolle Gespräch und ging weiter. Nur wenige Meter später kaufte ich dann mein erstes Souvenir, noch bevor ich Logroño erreichte. Ein kleines Armband welches mich bis heute täglich begleitet. Kurz vor Erreichen der Stadtgrenze stempelte viele Jahre lang Doña Felisa die Pilgerpässe an einem Stand direkt am Weg vor ihrer Haustür. 2002 war sie im Alter von 92 Jahren verstorben. Jetzt drückte die Tochter Maria den schönen

Stempel mit der Inschrift "Higos - Agua y Amor" (Feigen, Wasser und Liebe) in den Pilgerpass und verkaufte auch kleine Souvenirs. Sie begrüßte die Pilger herzlich und führte Buch über jeden der den Weg beschritt. Das Armband sollte mich ab diesem Moment bis zum Ende meines Weges begleiten. Ich erreichte Logroño und die allgemeine Herberge der Stadt. Viele Pilger waren bereits vor mir hier angekommen an dem Tag, aber die Herberge war noch geschlossen. So stellten wir alle unserer Rucksäcke in "Reih und Glied" auf und warteten darauf, dass sich die Türen der Herberge öffneten.

Nach erfolgreich überstandener Wartezeit und dem Einchecken suchte ich mit einigen anderen direkt den nächstgelegenen Supermarkt auf. Auf dem Weg dahin lief mir Ivan in die Arme. Ich freute mich total ihn so unverhofft wieder zusehen. Nachdem wir gemeinsam vom Supermarkt zurück waren, standen dann auch noch Julius, Chris und Louise in der Herberge. Die alte Truppe hatte sich wieder getroffen. Zusammen mit einigen anderen Pilgern aus Spanien, England und Deutschland verbrachten wir fast die ganze Zeit im Innenhof der Herberge. Das Wetter spielte abermals mit und es wurde ein milder Sommerabend in Logroño. Bei ausgelassener Stimmung und dem ein oder anderen Glas Rioja verging die Zeit viel zu schnell, bis wir alle so langsam ins Bett mussten.

Tag 8: Logroño – Nájera

An diesem Morgen startete ich wieder allein. Da die Herberge nicht direkt am Jakobsweg lag, waren die ersten Meter aus der Stadt raus etwas chaotisch. Vielleicht lag es auch daran, dass ich noch nicht ganz wach war :-). Ich konnte jedoch noch andere Pilger entdecken, die mit ihren Handlampen nach dem richtigen Weg suchten. So war ich mit meiner Verwirrung nicht ganz allein... Mit etwas Mühe fanden wir dann den Weg aus der Stadt raus. Gegen kurz vor acht Uhr kam ich an einer Schule vorbei. Beim Laufen überholte ich ein paar Schüler auf dem Gehweg. Mir fielen direkt die Uniformen der Kinder auf.

Die Jungs trugen eine graue Hose, einen dunklen Pullover und schwarze Schuhe. Die Mädchen hatten einen grauen Rock, ein dunkelrotes Oberteil, dunkelrote Socken und ebenfalls schwarze Schuhe an. Und zack musste an meine Schulzeit denken und wie es damals "klamottentechnisch" bei uns zuging. Gerade so zu Zeiten meiner Pubertät. Welche Marken waren gerade angesagt, welche gingen gar nicht und was musste man tragen, um „in" zu sein. Meine Eltern hatten schlichtweg nicht das Geld, uns drei Jungs sämtliche Klamottenwünsche zu erfüllen. Zumal meine Mama mir auch den Vogel zeigte, als ich ihr erzählte, dass so ein Best Company oder Blue System Pullover um die 200 Mark kosten sollte. Der ein oder andere kann sich jetzt vielleicht daran erinnern und es fallen euch bestimmt noch weitere Marken ein, die Anfang der 90er so gehandelt wurden:-) Mama sagte nur "für das Geld bekomme ich locker fünf Pullis". Und damit war das Thema auch beendet. Da gefiel mir die Lösung mit den Schuluniformen hier viel besser.

Entlang eines Parks verließ ich dann endgültig die Stadt. Über Schotterwege und Trampelpfade ging es immer weiter Richtung Navarrete. Nach knapp drei Stunden war es Zeit für einen ersten Stopp. Natürlich mit einem Café con leche und einem frisch gepressten „Zumo de Naranja natural". Ich ging weiter und erhielt meinen ersten Stempel heute an einer Holzhütte am Weg. Hier hatte es sich ein ehemaliger Pilger zur Aufgabe gemacht die Reisenden mit einem Imbiss und Andenken zu versorgen. Natürlich wieder alles auf Spendenbasis. Diesen Anblick werde ich nie vergessen, da der Mann in der Holzhütte aussah wie der Nikolaus. Ich weiß was ihr jetzt denkt, ein Foto wäre großartig gewesen. Leider hatte ich in diesem Moment nicht daran gedacht. Kurz vor Ventosa traf ich die „Deutschen" wieder. Wir unterhielten uns über die bisher zurückgelegten km auf der Etappe.

Heute fiel mir jeder Schritt unfassbar schwer. Ich konnte nicht einmal sagen warum. Die ersten Kilometer ging es wieder an unzähligen Weinbergen entlang. Die Strecke verlief flach und es gab kaum Anstiege. Erst kurz vor Ventosa wurde der Weg, wie auf dem Bild zu sehen anstrengender und unangenehmer und ich musste sehr darauf achten, wo mein nächster Schritt aufsetzen würde. Das Frühstück in der Pause brachte mir auch nicht die gewünschte Energie. Nach gut 20 km kamen wir in Ventosa an, es war mittags.

Hierzubleiben war jedoch keine Option für mich, da es einfach noch zu früh am Tag war. Nach zwei kühlen Bieren ging es weiter. Um mich zu pushen, nutzte ich erstmals Spotify auf meinem Handy und stopfte mir die Kopfhörer ins Ohr. Die letzten knapp 10 km bis Nájera waren wieder hart, trotz der Musikmotivation. Der Weg zog sich gefühlt wie ein Kaugummi, die Strecke war eintönig und wenig abwechslungsreich. Zudem brannte die Sonne ordentlich, sodass ich auf meinen schicken Sonnenhut zurückgreifen musste.

Als ich dann total platt die öffentliche Herberge erreichte, traf ich vor dem Eingang auf eine lange Schlange. Die Unterkunft hatte erst seit 15 Uhr offen, jetzt war es 15.30 Uhr. So stellte ich mich in die Reihe der Pilger. Hier ging auch nach 20 Minuten nix voran. Ich konnte leider nicht sehen, woran das lag und was denn da wohl so lange dauerte. Als ich endlich die Eingangstür der Herberge erreichte, sah ich den Grund für das lange Warten. Eine sehr alte Dame füllte die persönlichen Daten jedes Pilgers mit sehr großer Sorgfalt in ein Buch. Im Anschluss daran nahm ein Herbergsvater, ebenfalls im fortgeschrittenen Alter jeden Pilger einzeln und persönlich in Empfang, um ihn zu seinem Schlafplatz zu begleiten. Ein toller Service könnte man denken. Mir war aber nach dem langen Tag fast die Hutschnur geplatzt, als ich das sah. Bitte nicht falsch verstehen, ich wusste das Engagement in der Herberge sehr zu schätzen, wollte aber einfach aus meinen verschwitzen Sachen raus und unter die Dusche.

Um sage und schreibe 17 Uhr war es endlich soweit und ich konnte mein Bett beziehen. Wäre ich doch in Ventosa geblieben dachte ich in diesem Moment. Oder ich hätte mir eine andere Herberge im Ort gesucht. Jetzt war es egal. Ich wollte einfach nur Duschen. Nachdem ich mein Bett bezogen hatte, beeilte ich mich, um unter die Dusche zu kommen. Hier wartete die nächste Überraschung auf mich. Diese Herberge hatte Platz für 90 Pilger, aber nur jeweils zwei Duschen für Frauen und Männer. Das gibt es doch gar nicht, dachte ich. Wieder wurde meine Geduld auf eine harte Probe gestellt. So hieß es anstellen und warten. Kurz vor der Abendbrotzeit war dann alles erledigt und ich zog mit einigen anderen in die Stadt. In einem Supermarkt kaufte ich mir Wasser für den nächsten Tag und spontan noch ein 3er-Pack Stiel Eis dazu. Eines davon schenkte ich draußen vor dem Supermarkt einer jungen Mutter mit ihrer Tochter. Die kleine war happy und lächelte mich freudestrahlend an. In einer Bar nahe der Herberge ließen wir Pilger uns nieder und verbrachten dort gemeinsam den Abend. Als wir zurück in der Herberge waren, hüpfte mein Herz vor Freude. In dem riesigen Schlafsaal gab es tatsächlich eine Klimaanlage und sie war eingeschaltet.

Kurz bettfertig gemacht und ab in die erste Etage des Doppelstockbettes. Völlig k.o. und mit Ohropax ausgestattet schlief ich sofort ein. Meine Freude über den gekühlten Schlafsaal wehrte leider nicht allzu lange. Mitten in der Nacht wurde ich wach, da ich zur Toilette musste. Dabei bemerkte ich, dass die Luft unerträglich stickig und heiß war. Die Klimaanlage war tatsächlich aus. Unfassbar dachte ich. Die

51

paar geöffneten Fenster an den Seiten der Herberge brachten bei der Masse an Leuten natürlich gar nichts. Als ich in den Flur kam, kam mir direkt ein frischer, kalter Luftzug entgegen und ich spielte in dem Moment ganz kurz mit dem Gedanken, mich mit meinem Schlafsack auf die unbequeme Holzbank im Vorraum zu legen. Zurück von der Toilette verwarf ich den Gedanken jedoch, da ich am nächsten Morgen nicht mit Rückenschmerzen in die nächste Etappe starten wollte. Also hieß es Augen zu und durch. Ich kletterte zurück in mein Etagenbett des "Pumakäfigs" und versuchte zu schlafen. Auf meinen Schlafsack konnte ich bei der Bullenhitze getrost verzichten.

Tag 9: Nájera – Santo Domingo de la Calzada

Nachdem ich mit einiger Mühe doch noch etwas Schlaf bekommen hatte in dieser Affenhitze, begann mein Tag kurz nach dem Aufwachen auch direkt wieder mit Stress in der Herberge. Durch das Licht, das Gewusel und mein wackelndes Bett wurde ich abrupt wach, da sich gefühlt alle 80 – 90 Pilger zeitgleich fertig machten und die wenigen Toiletten und Waschräume aufsuchten. Mit etwas Glück konnte ich mich schnell durch dieses Chaos an Menschen kämpfen und sah zu, so schnell es ging Meter zu machen. Den morgendlichen Gang zum Klo ließ ich sausen, was mir, wie ihr euch sicher denken könnt, sehr schwerfiel. Aber die Schlange vor der Toilette war einfach nicht mehr normal und das Warten hätte bei mir womöglich für ein Unglück gesorgt :-). So hoffte ich in der Nähe auf ein Café, welches bereits offen hatte. Beim Verlassen der Herberge war mir klar, dass ich diese spezielle hier nicht so schnell vergessen werde...

Die ersten Meter waren wieder etwas verwirrend, da sich mir der Weg nicht auf Anhieb erschloss und ich auch keine eindeutige Markierung erkennen konnte. Zum Glück entdeckte ich einige Meter weiter ein Café, welches schon geöffnet hatte und vor dem ein paar Pilger bereits ihren ersten Kaffee tranken. So war mein dringendes Problem am Morgen direkt gelöst! Denkt ihr gerade an Situationen, bei denen es euch ähnlich ergangen ist?! Diese Art der "Geschäfte" sind auf dem Camino natürlich ein kleines Problem, wenn man raus aus einer Stadt oder einem Dorf war, da es unterwegs nun mal keine Toiletten gibt. Für den allergrößten Notfall hatte ich seit Beginn meiner Reise eine kleine Rolle Toilettenpapier im Rucksack, die ich, soviel kann ich vorwegnehmen, zum Glück nie benötigte. Sie erfüllte trotzdem jeden Tag ihren Zweck, da ich wusste, für so einen Fall gerüstet zu sein.

In Azofra gönnte ich mir nach knapp 1 ½ Stunden den ersten Kaffee dieses Tages. Schon wieder merkte ich nach der bisher kurzen Strecke die Schmerzen an meinen Füßen. Also hieß es direkt raus aus den Schuhen, auch wenn ich noch nicht wirklich lange unterwegs war. Für mich war ab jetzt klar mehr Stopps über den Tag verteilt einzulegen, um mir und meinen Füßen zwischendurch die nötige Erholung zu gönnen. Nach der wohltuenden Pause ging es weiter auf Schotterwegen entlang der Getreidefelder, bevor es wieder einen langen Anstieg gab.

Der Plan mit der geringeren Belastung ging nur bedingt auf, als ich zwei Pilger vor mir entdeckte, die ihren eigenen, sowie einen weiteren Rucksack zwischen sich trugen. Dieser war an zwei Gehstöcken aufgehangen, die die beiden vor oder sich über den Schultern hielten. Der Rucksack baumelte beim

Laufen ordentlich hin und her. Als ich sie einholte, sprach ich sie an und erfuhr, dass eine Frau aus Amerika ihren Rucksack nicht mehr weitertragen konnte, da sie starke Rückenschmerzen bekommen hatte. So hatten es sich die beiden zur Aufgabe gemacht ihren Rucksack bis zur nächsten Stadt zu tragen. Die Aktion gab jedoch ein komisches Bild ab, da die Zwei unterschiedlich groß waren und der Rucksack so immer zu einer Seite rutschte. Nach kurzer Überlegung erlöste ich den Kleineren der beiden vom Tragen. Der "Gepäckträger" an meiner Seite hieß Dora und kam aus Italien. Wir unterhielten uns beim Laufen so gut es ging auf Englisch. Das Ganze war nämlich anstrengender als ich dachte. Nicht wegen dem Gewicht, sondern eher wegen der Koordination den Rucksack immer so zu halten, dass es für uns beide angenehm war. Nach ca. einer Stunde erreichten wir doch sehr verschwitzt, aber auch glücklich es geschafft zu haben, die nächste Stadt. Sie hieß Cirueña. Hier konnten wir den Rucksack der Pilgerin in der Herberge ablegen und uns von der zusätzlichen Last befreien. Zur Belohnung gönnte ich mir selbst ein Cerveza. Dora ging direkt weiter. So trennten sich unsere Wege wieder.

Santo Domingo war von hier nur noch knapp 6 km entfernt. Nach der Pause in Cirueña war ich bereits um kurz vor 13 Uhr an meinem Tagesziel. Die Etappe war wieder nicht besonders lang (20,8 km), aber für mich heute völlig ausreichend. Mein Weg führte mich trotz des erlebten Horrors vom Vortag direkt in die große Herberge. Was soll ich euch sagen!? Das heute war eine ganz andere Nummer, das Teil war einfach ein Traum! Tolle Zimmer, große Waschräume, alles super und überhaupt kein Vergleich zu gestern. Sie trug den tollen Namen "Casa de la Cofradía del Santo" in Santo Domingo de la Calzada :-).

Ich wiederhole mich... Aber der Camino nimmt und der Camino gibt...

Nach der Dusche und den üblichen Erledigungen ging ich in die Stadt. Es war erst 15 Uhr und ich war total froh, noch so viel vom Tag zu haben, um die Zeit hier genießen zu können. Einige Pilger machten sich in der Küche der Herberge eine Kleinigkeit zu essen und kochten zusammen. Auf meinem Weg in die Stadt traf ich auf Julius und Louise, die nun auch so langsam mal in der Stadt eingetrudelt waren. Nachdem die beiden sich auch fertig gemacht hatten, verbrachten wir gemeinsam einen super schönen Nachmittag.

Als wir alle Hunger bekamen, gingen wir zurück zur Herberge. Wir beschlossen mit einigen anderen Pilgern essen zu gehen, da es ganz in der Nähe ein kleines Restaurant gab.

Tag 10: Santo Domingo de la Calzada – Belorado

Alles wie gehabt, es ging wieder früh los, so wie an jedem Morgen. Aber eine Sache war heute trotzdem anders. Nachdem ich mich in der Herberge fertig gemacht hatte und bereits ca. zwei Kilometer davon entfernt war, schoss mir ein eiskalter Schauer durch meinen ganzen Körper! Was war passiert?! Ich hatte meine Bauchtasche in der Herberge vergessen… Ja genau, das Teil wo mein Geld, mein Ausweis und meine Visa Karte drin war. Einfach alles Wichtige was ich auf dieser Reise benötigte… Erst gestern noch hatte ich mich mit einer Pilgerin über so ein Worst Case Szenario unterhalten und wir hatten spekuliert, ob uns so etwas wohl wirklich passieren könnte.

Jetzt dachte ich einfach nur "Scheisse"! Sofort machte ich auf dem Absatz kehrt und ging so schnell ich konnte zur Herberge zurück. Jeder, die mir entgegenkamen, sah mich mit verwunderten Augen an. Niemand ging doch von Santiago weg in die andere Richtung des Weges. Was macht der Typ denn da, werden viele gedacht haben... Die Zeit zurück bis Herberge kam mir vor wie eine Ewigkeit. Diese Ungewissheit war die Hölle! Zig Gedanken schossen mir unentwegt durch den Kopf. Was ist, wenn die Bauchtasche nicht mehr am Kopfteil des Bettes war… da wo ich sie nach Möglichkeit immer befestigte, bevor ich mich schlafen legte?? Meine Reise wäre wohl hier und jetzt sofort beendet gewesen. Mich hätten Behördengänge erwartet und keine weiteren Wanderungen. Der Traum in Santiago anzukommen, würde sich nicht erfüllen.

Ich erreichte die Herberge und rannte fast schon zu meinem Bett. Niemand war mehr in dem großen Schlafsaal. Schnell zum Kopfteil und das Kissen weggezogen. Puh, da hang sie, meine Bauchtasche. Genauso wie ich sie am Vortag festgemacht hatte. Was für eine Erleichterung! Ich atmete mehrmals ganz tief durch und war einfach nur dankbar. Ich hätte es in Kauf genommen, wenn mir Geld gefehlt hätte, weil es jemand in der Not gebraucht hätte. Aber wenn meine Papiere weg gewesen wären, hätte diese Reise hier und jetzt ein Ende gefunden.

Nach der riesigen Erleichterung ging es wieder zurück auf den Weg. Die Strecke war an diesem Morgen erstmal Nebensache, zumindest nahm ich das für mich so wahr. Nachdem ich Santo Domingo verlassen hatte, überquerte ich das ausgetrocknete Flussbett des Rio Oja. Am Randstreifen der N-120 entlang ging es weiter, bis ich in einen Feldweg abbiegen konnte. Dieser zog sich entlang der Autobahn. Und mit einem Mal erstreckte sich ein riesiges Sonnenblumenfeld vor meinen Augen. Das allein war schon ein Wahnsinns Anblick. Doch nicht nur das. Bis weit in das Feld hinein, waren alle Sonnenblumen mit Initialen oder kleinen Botschaften verziert. Der Camino verlief eine ganze Weile parallel zum Feld. Eine wohltuende Ablenkung zur Autobahn und gleichzeitig Balsam für die Seele, immer wenn ich eine großartige oder liebe Botschaft entdeckte.

Als ich das Feld hinter mir ließ, erwarteten mich jedoch wieder sehr karge Landschaften und abgeerntete Weidefelder. Ich erreichte die Region Castilla y León / Provinz Burgos. Im Frühjahr sah es hier bestimmt ganz toll aus, wenn alles grün und saftig erstrahlte. Jetzt offenbarten sich mir allerdings riesige Felder, auf denen sich hohe Strohhaufen türmten.

So wie gestern auch, stoppte ich öfter, um die kurze Zeit zur Erholung und Regeneration zu nutzen. Ich durchlief viele kleine Ortschaften, in denen es sich anbot, immer mal kurz zu verweilen, um den Akku aufzuladen. Bereits um kurz vor 14 Uhr erreichte ich mein Tagesziel, Belorado. Auf dem Kilometerzähler meiner Uhr erschien die Zahl 22. Als ich den Ort erreichte und gerade an der ersten Herberge vorbeilaufen wollte, um ins Zentrum zu gelangen, hörte ich eine Stimme, die meinen Namen rief: „Stephan, komm hier hoch, es gibt einen Pool!" Verwundert schaute ich nach oben, da die Herberge auf einer Anhöhe lag. Es war Louise die mir zurief. Sehr unglaubwürdig entgegnete ich ihr: "Verarsch mich doch nicht" :-). Doch, doch sagte sie, komm hier hoch! So stoppte ich und ging den Weg nach oben.

Mein Blick schweifte über die Anlage und ich konnte es kaum glauben. Da war ein kleiner, aber feiner Pool mitten im Grünen neben der Herberge und dem Restaurant. Heute Morgen hätte ich mit allem gerechnet und auch, dass mein Weg eventuell zu Ende wäre. Jetzt belohnte mich der Camino mit dieser geilen Anlage, die ich völlig übersehen hätte, wenn Louise mich nicht beim Vorbeilaufen gesehen und gestoppt hätte. Ich überlegte nicht lange, checkte ein, kümmerte mich kurz um meine durchgeschwitzten Anziehsachen und suchte sofort wieder den Weg zurück in den Garten. Julius, Chris und Ivan erreichten die Herberge ebenfalls kurze Zeit später. Bei stahlblauem Himmel und ca. 25 Grad ließen wir uns nieder und genossen gemeinsam den ganzen Tag am Pool. Ab jetzt folgte eine Runde Sangria nach der Nächsten. Die Bilder, die ich jetzt nach Hause schickte, glichen Urlaubsfotos. Von einem anstrengenden Pilgerweg konnte man hier natürlich nichts erkennen.

Der Nachmittag verging wie im Flug. Wir genossen das Wetter und die Abkühlung im Wasser im ständigen Wechsel. Als so langsam die Dämmerung einsetzte, gingen wir alle in die Herberge, um uns für das Abendessen fertig zu machen. Kurze Zeit später trafen wir uns im Restaurant wieder, um unseren Hunger mit einem traditionellen Pilgermenü zu stillen. Für nur 11 Euro bekamen wir eine reichliche Auswahl an tollen Speisen und der Region angemessen natürlich auch noch einen schmackhaften Rotwein.

Nachdem wir uns alle satt gegessen hatten, setzte auch so langsam die nötige Bettschwere ein. Der Stress von heute Morgen war längst vergessen. Kurz nachdem ich im Bett lag, schlief ich auch direkt ein.

Tag 11: Belorado – Agés

An diesem Morgen führte mich der erste Weg nach dem Verlassen der "Pool-Herberge" direkt zum Geldautomaten, da ich erst in Burgos, also in knapp 50 km wieder die Möglichkeit hatte, meinen Bargeldbestand aufzufüllen. Mit der VISA Karte war dies zum Glück auch im Ausland kostenlos möglich und super bequem. Nachdem ich das noch vor dem Sonnenaufgang erledigt hatte, machte ich mich auch direkt auf den Weg. Ein paar Meter weiter fiel mir ein außergewöhnlicher Fuß- und Handabdruck am Boden auf.

Neben einigen eher spanischen Persönlichkeiten hatte sich auch Martin Sheen vor ein paar Jahren hier verewigt. Zusammen mit

Emilio Estevez drehte er im Jahre 2010 den Film „Dein Weg".
Als ich das Foto im Kasten hatte, ließ ich Belorado endgültig
hinter mir. Nach etwas eintönigen Wanderungen durch
Getreidefelder, war der breite Weg bis Tosantos links des
vegetationsreichen Bachlaufs die reinste Wohltat. Die N-120
bzw. die darauf fahrenden Autos war noch gut zu vernehmen,
da diese nicht weit entfernt davon ein gutes Stück parallel zum
Weg verlief. Ich kam durch ein paar kleinere Orte und stoppte
nach ca. 1 ½ Stunden in einem davon. Zum Frühstück gönnte
ich mir einen Café con leche, sowie ein Baguette und eine
Banane. Ich hatte heute Morgen doch tatsächlich meinen
Orangensaft vergessen... Nach der Pause verließ ich Espinosa
del Camino und es erwartete mich der nächste Aufstieg. Es ging
in die Montes de Oca, was übersetzt so viel bedeutet wie "Berge
von Gänsen". Als ich den anspruchsvollen Weg nach oben
hinter mir hatte, erreichte ich auf 1155 Meter Höhe das
Denkmal für die 1936 im Bürgerkrieg erschossenen
Republikaner.

Die Inschrift dort lautet: *"Nicht ihr Tod war sinnlos, sondern ihre
Erschießung. Mögen sie in Frieden ruhen"*.

Nach einem kurzen Innehalten am besagten Denkmal ging es
weiter durch einen tiefen Taleinschnitt mit weiteren Ab- und
Aufstiegen. Hinter diesen ging es auf einem breiten Forstweg
weiter, bevor ich die Oasis del Camino erreichte. Ein schöner
kleiner Fleck auf dem Weg, mitten im Wald. Schon aus der
Entfernung erkannte ich viele bekannte Gesichter wieder.
Gemeinsam machten wir hier die nächste Pause.

Von hier ging es weiter Richtung San Juan de Ortega. An der Oase traf ich Ivan wieder und wir unterhielten uns beim Weitergehen diesmal länger und ausgiebiger als bei unseren vorherigen Treffen. Unser gemeinsames Thema war das Reisen. Jedoch "praktizierte" er es anders als ich es gewohnt war... Ivan ist Travelblogger und hatte sich vor einigen Jahren entschieden seinen "nine-to-five" Job an den Nagel zu hängen, um sich ganz auf das Reisen konzentrieren zu können. Sehr aufmerksam, neugierig und ich muss zugeben auch etwas neidisch lauschte ich seinen Worten. Es war einfach mega interessant und spannend ihm zuzuhören, um zu erfahren in welchen Teilen der Welt er schon war.

Er erzählte mir von den Philippinen, Brasilien und Dubai. Ich konnte seinen Worten sehr gut folgen, da er mit leichtem kroatischem Akzent ein sehr klares Englisch sprach. Wir vergaßen beim Unterhalten beinahe völlig zu Zeit. Als wir nicht mehr weit von San Juan de Ortega entfernt waren, warf ich einen Blick auf den Zettel, den ich in Saint Jean Pied de Port erhalten hatte. Auf diesem waren ja alle Herbergen des Weges verzeichnet. Das Schriftstück verriet mir, dass es in San Juan nur eine einzige Herberge gab. Da wir noch gut in der Zeit waren, entschlossen wir uns hier nur für ein kühles Bier zu stoppen.

Auf dem Weg nach Agés führten wir unsere Unterhaltung über das Reisen fort und er erzählte mir, dass er ein Apartment in Kroatien besitzt, in das er mich sehr gerne einmal einladen würde um mir seine Stadt Varaždin zu zeigen. Ich freute mich sehr und bedankte mich für sein Angebot, war aber auch gleichzeitig etwas skeptisch, ob wir nach unserer Mission hier wirklich in Kontakt bleiben würden. Nach knapp 30 km waren wir in Agés. Schnurstracks zog es uns in die Herberge Municipal. Völlig durchgeschwitzt und von innen ziemlich ausgetrocknet checkten wir ein. Auch heute war es wieder knüppelheiß und der Weg bot uns bis auf die Passage an der Oase nur wenig Schatten.

Obwohl der kleine Ort nur offiziell 65 Einwohner hatte, gab es hier drei Herbergen und so musste sich niemand Sorgen machen ein Bett für die Nacht zu bekommen. Glücklich angekommen zu sein, begaben wir uns an die üblichen Rituale. Der städtischen Herberge war ein Restaurant angeschlossen. Nach der kalten Dusche trafen wir uns alle im Außenbereich des Restaurants wieder und fanden genügend freie Plätze im Schatten. Ich nutzte die Zeit um den Tag Revue passieren zu lassen und meine Eindrücke niederzuschreiben. Das gelang mir immer nur "lückenlos", wenn ich bereits auf dem Weg Stichpunkte sammelte oder Sprachnotizen. Jedes Mal, wenn ich meine Etappenziele erreichte, hatte ich das meiste schon wieder vergessen, obwohl es erst wenige Stunden her war. Es waren über den Tag verteilt einfach zu viele Eindrücke, Gespräche und Erlebnisse, die ich mir im Detail nicht merken konnte, oder beim Ankommen wieder vergessen hätte. Beim Lesen der Stichpunkte fiel mir dann zum Glück der gesamte Zusammenhang wieder ein! Nachdem die "Arbeit" erledigt war, setzte ich mich zu den anderen an den Tisch. Ivan orderte direkt ein kaltes Cerveza für uns zwei.

Gemeinsam ließen wir den Nachmittag ausklingen und tauschten unsere Erlebnisse untereinander aus. Wir blieben die gesamte Zeit im Außenbereich des Restaurants, da das Wetter immer noch perfekt war. Als Pilgermenü gab es heute Spargel mit Serrano-Schinken, sowie Eier und Kartoffeln. Zum Nachtisch noch ein paar Melonenscheiben. Jetzt wo ich es niederschreibe, bekomme ich auch direkt wieder Hunger... Ich denke den Wein muss ich an dieser Stelle nicht mehr extra erwähnen!? Wir saßen noch lange draußen zusammen, bis die Sonne verschwand und es merklich kühler wurde. Die Zeit verging einfach immer viel zu schnell, gute Nacht!

Tag 12: Agés – Burgos

Zeitig wie immer ging es an diesem Morgen raus dem Bett. Ich taperte noch etwas verschlafen ohne Brille in meinen Flipflops als erstes ins Badezimmer. Da die Herberge nur über wenige Steckdosen im Schlafraum verfügte, hatte ich mein Handy über Nacht zum Laden auf einen kleinen Sims dort gelegt. Im Badezimmer angekommen, musste ich feststellen, dass es dort nicht mehr war...

Ich schaute mich um... Hatte es tatsächlich jemand eingesteckt??? Nein, da lag es, vor dem Sims auf dem Boden. Bei genauerem Hinsehen, traute ich jedoch meinen Augen kaum. Mein Telefon wurde über Nacht mit einer "Spider App" ausgestattet. Das Display war an vielen Stellen Risse und hatte an einer Ecke eine richtig fette Macke. So ein Scheiß, dachte ich.

Aus dem ersten Schockmoment heraus nahm ich es in die Hand und fühlte mit den Fingern über das Glas. Die Risse waren deutlich zu spüren. Ich tippte auf das Display. Es reagierte und ließ sich noch bedienen! Glück im Unglück dachte ich und atmete tief durch. Sowas hatte ich auf meiner Reise nicht mit eingeplant... Mit dem Handy hatte ich doch bisher alle Fotos gemacht und plante auch meinen Rückflug darüber zu buchen. Durch das kaputte Display werde ich mir vor dem Rückflug irgendwo ein Ticket ausdrucken müssen. Das wird sonst nicht funktionieren. Aber bis dahin war noch eine Menge Zeit. Nachdem der nächste Schock auf meiner Reise überwunden war und das ausgerechnet wieder so früh am Morgen, erreichte mein Puls wieder Normalform. Mit gepacktem Rucksack ging es in den Vorraum der Herberge, wo alle Pilger ihre Schuhe über Nacht lagerten. Ich kann euch sagen, immer wieder ein Fest für den Geruchssinn!

Meine Schuhe waren noch an ihrem Platz, genau dort wo ich sie gestern abgestellt hatte, also nicht direkt eine nächste Hiobsbotschaft. Warum ich das jetzt erwähne!? Nun, es war tatsächlich schon vorgekommen, dass Pilger morgens ihre Schuhe vermissten, jedoch wirklich selten. Nicht weil sie jemand mit Absicht gestohlen hatte, sondern da es passierte, dass man in der Früh zum falschen Paar griff, weil jemand die gleiche Marke und Farbe trug und man beim Anziehen nicht merkte, dass dieses eine Nummer zu groß war... Und wenn man es dann feststellte, war es oft so, dass man den Besitzer nicht mehr wiedersah. So musste man sich wohl oder übel bei nächster Gelegenheit ein neues Paar zulegen. Niemand möchte in zu kleinen Schuhen weiterlaufen, schon gar nicht mit einem fremden Paar. Zum Glück war mir so etwas während meiner ganzen Reise nie passiert! Allerdings checkte ich jetzt jeden Morgen zweimal ob meine Sachen im und am Rucksack alle vollständig waren. So etwas wie in Santo Domingo de la Calzada sollte mir unter keinen Umständen wieder passieren. Als ich Agés verließ, folgte direkt die erste Herausforderung des noch jungen Tages. Diesmal war es ein beschwerlicher und teils sehr steiniger gut 45-minütiger Aufstieg auf die Hochebene Matagrande in 1078m Höhe.

Jeder Schritt musste hier sorgfältig überlegt sein, da die teils spitzen Steine, die aus dem Boden ragten, geradezu eine Einladung zum Umknicken waren. Den Aufstieg konnte ich gut und ohne Blessuren meistern und kam etwas verschwitzt auf der Hochebene an. Dort oben war es am frühen Morgen noch sehr kalt und der Wind pfiff mir um die Ohren. Die Sonne ging langsam am Horizont auf und das Tal wurde nun Stück für Stück mit den warmen Strahlen erwärmt. Mein heutiges Etappenziel war ab hier schon mit bloßem Auge durch die fantastische Sicht in der Ferne zu erkennen. Burgos lag jedoch noch gute 23 km von mir entfernt...

Beim Abstieg von der Hochebene traf ich Gerd aus Düsseldorf. Auch wir waren uns schon ein paarmal auf dem Camino begegnet, hatten uns aber nie wirklich unterhalten. Auf dem Weg zum ersten Stopp des Tages holten wir dies nach. So erfuhr ich unter anderem, dass er Apotheker war, 20 Angestellte hatte und nach vielen Jahren stressiger Arbeit dringend eine Auszeit benötigte. Wir unterhielten uns hauptsächlich über den Camino, aber auch die persönlichen Gründe hier zu sein. Ich erzählte ihm von meiner familiären Situation der letzten Jahre und dass ich beinahe doch wieder zu Hause geblieben wäre, weil ich dachte, jetzt nicht weg zu können. Er konnte meine Situation sehr gut nachvollziehen. Nachdem erfolgreichem Abstieg entdeckten wir am Wegesrand ein sehr schönes Café. Als wir rein gingen entdeckten wir die bisher größte Auswahl an Frühstücksvarianten. Es gab Baguettes, Eier in allen Variationen, Würstchen und noch so vieles mehr. Wir ergatterten im Außenbereich des Cafés einen Platz in der Sonne, der uns so langsam etwas aufwärmte, da es immer noch verdammt kalt war.

Auch Ivan war mittlerweile am Café eingetroffen. Nach der Pause gingen wir gemeinsam weiter, Gerd verweilte noch länger am Café und so verabschiedeten wir uns erst einmal wieder. Ivan berichtete mir, dass ich in der letzten Nacht in unserer Herberge ziemlich laut geschnarcht hätte und eine Argentinierin an unser Stockbett kam um dies "abzustellen". Sie vermutete erst, dass Ivan der Schuldige wäre. Er lachte beim Erzählen der Geschichte und meinte sie hätte so fest gerüttelt, dass das ganze Bett gewackelt hätte. Erst dadurch sei er wach geworden. Ich hatte von alledem nichts mitbekommen und konnte kaum glauben was er mir da erzählte. So fest schlief ich doch sonst nie! Es war mir ein bisschen peinlich, aber ich musste trotzdem darüber lachen.

Bei nächster Gelegenheit wollten wir zwei ein Bier zusammen trinken. Jedoch fanden wir bis Burgos tatsächlich keine weitere Möglichkeit dazu, oder hatten es beim Quatschen einfach übersehen. So kamen wir knappe 23 km später in Burgos an. Auf dem Weg erfuhr ich von weiteren Reisezielen und Erfahrungen, die er im Ausland schon gesammelt hatte. Als wir an der Herberge ankamen, trafen wir auf eine lange Schlange von Pilgern, die bereits auf Einlass warteten. Eine gute halbe Stunde verging, bevor auch ich meinen Schlafplatz beziehen konnte. Die Herberge war supermodern und verfügte über nagelneue Sanitärbereiche. Es war erst 13 Uhr, so machte ich mich schnell fertig, um in die Stadt zu kommen. Burgos war sehr sehenswert und empfing seine Besucher mit großartigen Gebäuden und einer schönen Altstadt. Nach dem recht kalten Morgen war es jetzt wieder knalle heiß. Am Himmel war keine Wolke zu erkennen und das Thermometer zeigte knapp über 30 Grad an. Ich ging zum nächsten Supermarkt und besorgte mir erstmal etwas Kaltes zu trinken.

Mit der Flasche in der Hand schlenderte ich in Flipflops und kurzen Sachen durch die Gassen der Stadt. Mir war aber nicht nach einem gezielten Sightseeing. Ich wollte mir einfach ganz entspannt einen ersten Eindruck von Burgos verschaffen und die Stadt auf mich wirken lassen. Wieder am Platz vor der Kathedrale angekommen, lief mir Gerd in die Arme. Auch er hatte es bis Burgos geschafft. Wir kauften für den nächsten Tag noch ein paar Kleinigkeiten im Supermarkt ein und entdeckten kurze Zeit später in einem Restaurant Nahe des Plaza Rey San Fernando eine schöne Sitzgelegenheit im Außenbereich.

Auch hier gab es das traditionelle Pilgermenü. Leider nicht wie auf der Karte angegeben mit Paella. Diese war zu meinem Pech an diesem Tag ausverkauft. Beim Lesen der Karte hatte ich mich schon so darauf gefreut endlich mal wieder eine Paella in Spanien essen zu können. Aber daraus wurde erstmal nichts. Alternativ gab es Spaghetti Bolognese oder ein Hähnchen mit Pommes. Selbstredend zur Begleitung mit einem guten Rotwein. Ich entschied mich für das Hähnchen. Wir bestellten unser Essen, genossen die Atmosphäre und beobachteten das

Treiben auf und neben dem Platz. Burgos war bis jetzt die größte Stadt, in der wir halt machten. Um uns herum gab es viel zu sehen und zu entdecken. Als wir da so saßen, zog ein Junggesellenabschied mit bestimmt 30 Männern singend und musizierend an uns vorbei. Alle waren in einem knalligen Orange gekleidet! Nach dem tollen Essen entschloss Gerd sich zeitig in sein gebuchtes Hostel zurückzuziehen. Er war ziemlich platt von der heutigen Etappe. Ich blieb noch etwas sitzen und ließ die Atmosphäre auf mich wirken, bis es dunkel wurde. Machte mich dann aber auch auf den Weg zurück zur Herberge. Der Blick in den Reiseführer verriet mir, dass es auch die morgige Etappe in sich haben wird. Also ab ins Bett, um morgen ausgeruht starten zu können.

Tag 13: Burgos – Hontanas

Ich hatte gut und lange geschlafen, den Ohropax sei Dank. Ohne wäre ich wohl nie wirklich in den Schlaf gekommen, bei der Geräuschkulisse, die in den Herbergen nun mal so herrschte. Die ersten Meter waren nach Verlassen der Herberge, sagen wir, etwas unkoordiniert. Da die Unterkunft nicht unmittelbar am Camino lag, brauchte ich etwas Zeit um das erste Erkennungsmerkmal (den gelben Pfeil) zu entdecken. Den anderen Pilgern erging es ähnlich. So kamen mir aus der ein oder anderen Gasse immer wieder Leute entgegen, die auch etwas planlos wirkten. Burgos war die erste große Stadt, bei der es uns wohl allen schwer fiel in der Dunkelheit den richtigen Weg zu finden.

Durch das Hin und Herlaufen hatte ich jetzt komplett die Orientierung verloren, so halfen mir die Straßenbezeichnungen aus dem Wanderführer an dieser Stelle auch keinen Meter weiter. Blieb mir nur noch der Griff zum Smartphone, um mich mit Navigation aus der Stadt zu lotsen. Mit Carolina aus Galizien, die ich beim Suchen des Weges kennen gelernt hatte, ging es dann zielsicher raus aus Burgos. Wir hielten einen kurzen Smalltalk als der Tag so langsam erwachte und die Sonne am Horizont aufging. Carolina hatte im Verhältnis zu mir ein etwas gemächlicheres Wandertempo, sodass ich mich nach unserem kurzen, aber sehr netten Gespräch wieder von ihr verabschiedete.

Jetzt begann die Meseta spürbar. Flaches Land soweit das Auge reichte. Einige Pilger nahmen ab hier den Bus, um die gut 170 km bis Leòn zu überbrücken und sich diesen Teil des Weges zu ersparen. Das kam für mich nicht in Frage. Ich wollte erst wieder in einen Bus steigen, wenn ich an meinem Ziel angekommen war, das zumindest war der Plan! Auf einem Fußweg neben der N-120 erreichte ich nach knapp zwei Stunden und zehn Kilometern später, Tardajos, wo ich gegen halb neun das erste Mal stoppte, um einen Kaffee zu trinken. Nach weiteren zwei Stunden über endlose Feldwege und an Getreidefeldern vorbei kam ich in Hornillos del Camino an, einer kleinen Gemeinde mit sage und schreibe 59 Einwohnern. Jedoch war das nicht das kleinste Dorf auf dem Camino. Die Landschaft wurde noch rauer und karger. Den Weg entlang dieser Hochebene, auf der ich mich befand, musste ich glücklicherweise nicht allein gehen, da ich Tom und Lisa kennenlernte. Wir gingen zu dritt die letzten zehn Kilometer, die in der Mittagshitze verdammt brutal für uns alle war. Nicht besonders schön, aber super praktisch, ich kramte meinen Sonnenhut aus dem Rucksack.

Als wir so unter der sengenden Sonne in der heißen, trockenen Luft dahinwanderten, musste ich daran denken, wie es den Pilgern hier wohl im Juli oder August ergehen musste, wenn das Thermometer auch locker mal die 40 Grad Marke übersteigen konnte und weit und breit kein Schatten zu ergattern war. Selbst jetzt im September war es für mich verdammt hart und ich schwitzte quasi aus jeder Pore. Nach weiteren knapp zwei Stunden durch in diesem Backofen, erreichten wir gemeinsam Hontanas. Das Dorf erschien buchstäblich wie aus dem Nichts. Es erinnerte schwer an den wilden Westen, so wie ich ihn aus vielen Bud Spencer Filmen kannte. Hontanas bestand lediglich aus zwei Herbergen und einer Kirche. Die Bewohner versicherten uns, dass das Wasser aus dem Kirchbrunnen sehr gesund sei! Der Ortsname leitete sich hiervon ab (veraltet "Fontanas"). Endlich angekommen und raus aus den Schuhen. Die heutige Etappe war auf den Punkt gebracht körperlich und mental einfach hart. Nach der Dusche widmete ich der Fußpflege einen sehr großen Teil meiner Aufmerksamkeit. Zusammen mit Tom, Lisa und Katrin, die wir auch noch auf dem Weg nach Hontanas kennenlernten, verbrachte ich den Nachmittag auf der Terrasse der Herberge.

Auch wenn das Dorf mitten im Nirgendwo lag, gab es hier LTE satt und mir ließ es dann doch keine Ruhe nachzusehen, wie denn der FC am heutigen Samstag gespielt hatte. Meine Laune wurde durch das Ergebnis eher schlechter. Köln verlor sein Heimspiel gegen Paderborn in der Nachspielzeit mit 3:5. Als wir so auf der Terrasse abhingen, trudelte einige Zeit später auch Chris ein. Man, wie lange hatte ich den schon nicht mehr gesehen.

Mit fortschreitender Zeit, die wir da so saßen, spürte ich, dass ich immer müder wurde und mir der Tag in den Knochen steckte. Die 30 Kilometer hatten es einfach in sich. Als die Sonne am Horizont verschwand, wurde es auch direkt spürbar kälter. Zeit für uns alle, in die Herberge zu gehen und auf unsere Zimmer zu verschwinden.

Tag 14: Hontanas – Fromista

Bereits um zwanzig vor sechs wurde ich wach an diesem Morgen. Ganz ohne meinen vibrierenden Wecker am Handgelenk. In unserem kleinen Schlafsaal war ich damit der Erste. Mein Körper hatte sich in der Nacht nach dem gestrigen

Marsch tatsächlich perfekt regeneriert, ich fühlte mich total gut. Nochmal umdrehen machte demnach auch keinen Sinn. Aufstehen und fertig machen war die Devise. Eine knappe halbe Stunde später ließ ich Hontanas hinter mir, die anderen schliefen noch. Um diese Zeit war noch niemand unterwegs in der Dunkelheit. Da es hier nur diese eine Straße gab, stellten sich mir keine Rätsel wo es denn lang ging. Um keinen Hinweis zu übersehen oder einen falschen Schritt zu machen, schaltete ich mein Handylicht an, sobald es nach dem Dorf über die ersten Feldwege ging. Nach gut 1 ¼ Stunden erreichte ich das Kloster von San Anton, besser gesagt die Ruine von dem was noch davon übrig war. An der Landstraße ging es weiter bis ins Zentrum von Castrojeriz. Nach ca. einer halben Stunde wartete der nächste Anstieg. Es ging Richtung Tafelberg, zum Alto de Mostelares. Dieser Weg hatte es richtig in sich, 12% Steigung lagen vor mir. Am Horizont ging so langsam die Sonne auf und das Gebirge um mich herum wurde immer mehr von der Sonne erhellt. Am höchsten Punkt machte ich meine erste Pause. Die Aussicht war sensationell weit.

Jetzt im September war zu allen Seiten abgeerntetes Weideland zu entdecken. Der Boden sah pulvertrocken aus. Hier hatte es bestimmt tage- oder wochenlang nicht mehr geregnet. Nach der Hochebene ging es wieder steil bergab. Ganze 18% Gefälle waren zu meistern. Ganz schön belastend für meine Knie mit dem vollgepackten Rucksack. Unten angekommen, betrat ich die Provinz Palencia. Trotz der mega Aussicht, konnte ich diese tagelange Einöde nicht mehr so genießen, sodass ich mir zur Ablenkung beim Weiterlaufen meine Kopfhörer ins Ohr stopfte. Nach einigem Rumdaddeln auf meinem Tele, hängte sich plötzlich die Software vom Gerät auf. Mit einem Mal ging nichts mehr, das Display reagierte auf keinen Fingerdruck mehr.

Also musste ein Neustart her. Vor meiner Abreise hatte ich noch meine PIN geändert, warum wusste ich jetzt selbst nicht mehr so genau. Mir fiel die geänderte Nummer auf Anhieb nicht ein. Was sollte ich jetzt machen, außer es nochmal zu versuchen? Ich schaffte es tatsächlich dreimal die falsche PIN einzugeben. OMG... dachte ich. Das konnte doch jetzt nicht wahr sein. Ich ärgerte mich maßlos über meine eigene Blödheit. Nun stand ich da, mitten in der „Pampa" und hatte konnte weder das Telefon noch Kamera benutzen. „Rien ne va plus"... Da war er wieder dieser Schauer, der durch meinen ganzen Körper zog... Was mach ich denn jetzt??

Ein paar Meter weiter erreichte ich den kleinen Ort Itero de la Vega. Das erste Café im Ort war direkt meins. Nachdem ich meinen Rucksack abgestellt hatte, ging ich zur Bar und bestellte mir erst einen Café con leche und direkt danach ein Bier (für die Nerven). Es war kurz nach ca. 10 Uhr... Als ich einige Zeit so dasaß und überlegte wie ich aus der Nummer wieder rauskommen kann, sah ich wie Carolina aus Galizien, mit der ich aus Burgos losgelaufen war, ebenfalls das Café erreichte. Na was ein glücklicher Zufall dachte ich! Sie könnte in diesem Moment meine Rettung sein. Ich ging auf sie zu und sprach sie direkt an, zum Glück erkannte auch sie mich gleich. Etwas beschämt erzählte ich ihr auf Englisch von meinem Fauxpas. Sie lächelte, zögerte keine Sekunde und drückte mir ihr Handy in die Hand und sagte: "Ruf an wen du willst, kein Problem!"

Zum Glück konnte ich die Nummer vom Handy Laden in Bochum vorher noch mit Carolinas Smartphone Googlen um dann dort anzurufen. Ein Bekannter von mir, der dort arbeitete, nahm direkt ab. Auch ihm erzählte ich meine etwas peinliche Story. Er lachte, half mir aber auch sofort weiter. Mit der durchgegebenen PUK konnte ich mein Tele wieder entsperren. Ich umarmte Carolina und bedankte mich zutiefst bei ihr für ihre spontane Hilfe. Zu einem Getränk konnte ich sie nicht mehr einladen, da sie weiterwollte. Mir fiel ein Stein vom Herzen. Noch in dem Café setzte ich mich hin und schrieb mir die wichtigsten Telefonnummern in mein Notizbuch. Daran hatte ich vorher einfach nicht gedacht und mich völlig auf mein Smartphone verlassen. Das hier war mir definitiv eine Lehre. Nach der kurzen Pause und tiefem Durchatmen konnte ich dann voll motiviert und bester Laune weiter.

Nach Itero de la Vega erwartete mich jedoch wieder die volle Pracht der Meseta, wie auf dem Bild denke ich, gut zu erkennen ist. Endlos lange gerade Wege, die einfach ins Nichts führten. Trockene, heiße Luft, kaum Wind und keinerlei Ablenkung für das Auge. Dazu Insekten die ständig um meinen Kopf rum schwirrten, weil ich ja so herrlich schwitzte. Bisher war es jeden Tag so, dass mich der Camino anzog wie ein Magnet und ich "süchtig" danach war, weiter zu wandern um Neues zu entdecken. Dieser Teil hier war aber ganz klar sowas wie mein Endgegner, der bezwungen werden musste. Körperlich und mental ging es bis an meine Grenzen. Nach einer gefühlten Ewigkeit erreichte ich Boadilla del Camino und nutzte die Gelegenheit für eine weitere Pause. Ich kam an einem Restaurant mit einem total schönen Innenhof vorbei.

Um meine Batterien und die Motivation wieder etwas aufzuladen, bestellte ich mir einen gemischten Salat und ein großes kühles Blondes. Der Besitzer sprach mich direkt auf Deutsch an. Wir hielten einen kurzen Smalltalk. Das Essen und das Bier taten einfach nur gut. Als ich gerade wieder aufbrechen wollte, kamen Tom und Lisa in das Restaurant. Wo ich vor knapp einer halben Stunde noch völlig zerstört wirkte, war ich jetzt wieder heiß darauf, noch weiterzugehen. Beide schauten mich mit großen Augen an, als ich ihnen verklickerte, dass ich noch bis Fromista will. Das waren ab hier ca. 1 ½ Stunden. So machte ich mich auf und verabschiedete mich von den beiden. Der Weg ging ungefähr so spannend weiter wie er vor der Pause aufhörte. Einzige kleine Ablenkung war, dass ich am Canal de Castilla entlang wanderte, also etwas Wasser sah und dann gute 90 Minuten später Fromista erreichte. Die Albergue Municipal war für neun Euro heute meine Unterkunft. Im Vergleich zu den letzten Herbergen machte diese einen etwas "heruntergekommenen" Eindruck, war sehr oll und nur sehr zweckmäßig eingerichtet. Allerdings hatte ich zum ersten Mal kein Stock- sondern ein Einzelbett im

Schlafsaal. Nach dem Einchecken und den Waschungen ging ich in das nächste Restaurant. Dort traf ich seit langem keine bekannten Pilger und saß ganz allein beim Essen. Ein ungewohntes Gefühl nach der ganzen Zeit. Andererseits hatte ich aber auch keine große Lust heute neue Leute kennenzulernen und mich groß zu unterhalten. Beim Essen merkte ich die Strapazen des Tages, da es am Ende dann doch 34,1 km wurden. Nach dem Essen und einem kurzen Spaziergang zum Supermarkt warf ich noch einen Blick auf die Iglesia de San Martin, bevor mich mein Bett rief. Bereits um halb 9 lag ich mit geputzten Zähnen und Ohropax drin.

Tag 15: Fromista – Calzadilla de la Cueza

Beim Blick in den Wanderführer und die heutige Etappe fiel mir auf, dass ich zwei Möglichkeiten hatte. Die längere Variante erstreckte sich über stolze 37 km, die etwas Einfachere nur über knapp 20 km. Ich entschloss mich natürlich für Variante 1...

Da es immer noch durch die Meseta ging, versprachen beide Etappen nicht sonderlich abwechslungsreich und dazu wieder eine enorme mentale Herausforderung zu werden. Bei der längeren Version versprach das Buch jedoch, dass es die schönere Variante werden sollte... Naja, warten wir es mal ab. Bereits um kurz nach sechs Uhr verließ ich die Herberge. Wieder einmal im Dunkeln und nur mit Handylicht ging es auf die ersten Kilometer des Weges. Die Temperatur war jetzt zum Laufen herrlich angenehm. Es ging fast schnurgerade nach Villovieco. Als ich den kleinen beschaulichen Ort, der um 7 Uhr morgens noch sehr verschlafen war, wieder verließ, ging es an einem Bach und einer Straße weiter nur geradeaus bis zur Ermita de la Virgen. Gegen kurz nach acht erstrahlte die Sonne am Horizont und es wurde langsam hell.

Meinen ersten Kaffee trank ich heute in Villacázar de Sirga und nutzte dort die Gelegenheit, um mal kurz aus den Schuhen raus zu schlüpfen. Nach einiger Zeit ging ich weiter auf ein schier endloses Stück entlang der Straße, bis ich gegen 11 Uhr Carrión de los Condes erreichte. Noch heute kann ich mich gut an diesen Moment erinnern. Es war wieder verdammt heiß an diesem Tag. Auf meiner Uhr erschienen 20 km als bisher zurück gelegte Strecke und ich war bereits fünf Stunden unterwegs. Trotzdem wollte ich meine Etappe nicht so früh am Tag enden lassen. Also machte ich eine weitere Pause in einem kleinen Park nahe der Straße. Nochmal raus aus den Schuhen, die Füße etwas hochlegen und das Treiben um mich herum beobachten. Dazu einen ordentlichen Schluck aus der Wasserflasche. Eine knappe halbe Stunde später packte es mich und ich traute mir zu, die noch vor mir liegende anstrengende Etappe anzugehen. Weiter durch die Meseta, auf (ihr wisst es schon) unendlich langen geraden Wegen und entlang an kargen Getreidefeldern. Immer noch kein Baum, kein Strauch, der den Weg hätte zieren können.

Einfach nur brutal! Das Körperliche war in diesen Tagen die eine Sache. Was mir hier jedoch mental abverlangt wurde, war eine echt ziemlich hohe Hausnummer. Ich musste mich regelmäßig motivieren, weiter zu laufen. Klar, es gab auch keine Alternative, trotzdem war es eine heftige Grenzerfahrung. Ich beschloss mir die Kopfhörer ins Ohr zu stecken und einige meiner Lieblingssongs aus den 90ern zu hören. Die monotone, baumlose Landschaft und der immer noch schnurgerade Weg machten mich fast fertig. Die Zeit verging mit der Musik etwas schneller, aber das Bild um mich herum änderte sich einfach nicht. Zum tristen Weg kam jetzt die Mittagshitze hinzu. Ich schwitzte aus allen Poren und war ständig damit beschäftigt mir die Fliegen vom Leib halten, die mir jetzt ständig ins Gesicht flogen... einfach nur nervig! Nach knapp zwei Stunden erschien eine kleine Oase am Wegesrand, die nur in den Sommermonaten geöffnet hatte. Dieser Stopp kam mir jetzt wie gerufen. Ich bog direkt rechts auf das kleine Gelände ab. Geil, endlich wieder Schatten! Mit einem frisch gepressten Orangensaft und noch etwas Obst, setzte ich mich an einen Tisch. Noch einmal Kraft tanken und meine Akkus etwas aufladen. Auf dem gesamten letzten Abschnitt hatte ich keine anderen Pilger auf dem Weg entdecken können.

Weiter in der Einöde, auf diesem endlos langen Weg, von dem ich vorher abgebogen war. Meine Motivation war in den ersten Minuten nach der Pause wieder total hoch, obwohl ich kein Ziel am Horizont erkennen konnte. Zähne zusammenbeißen und weiter, genug gejammert jetzt, es musste einfach weitergehen…

Und dann erreichte ich Gott sei Dank endlich mein Tagesziel, Calzadilla de la Cueza. Genau nach 37 km wie im Buch angekündigt. Auch auf dem letzten Stück hatte ich so gut wie keinen Pilger mehr überholt oder gesehen. Die 17 km ab Carrión de los Condes hatten es mir in der Mittagshitze mal so richtig gegeben, aber ich hatte es mir ja auch so ausgesucht. Schnurstracks ging ich auf eine der zwei Herbergen im Ort zu. Mehr hatte der 50 Seelen Ort auch nicht... An der Theke bestellte ich ein großes Bier. Ihr könnt euch nicht vorstellen, was für ein Gefühl es war, als der Kellner in der Bar der Herberge um seine Theke ging und in die Kühltruhe griff, um von dort einen eiskalten Maßkrug herauszuholen, welchen er dann unter den Zapfhahn hielt. Ein Leuchten war in meinen Augen zu erkennen als das blonde Gold langsam in das Glas strömte. Meine Kehle war arg ausgetrocknet. Nach dem ersten kräftigen Schluck waren meine Schmerzen (zumindest die meisten), die Anstrengungen und alles was mir heute zu schaffen machte, einfach vergessen… Ich war einfach nur total glücklich es geschafft zu haben! Der kleine Ort war ziemlich Trist, aber nach dieser Etappe hatte ich auch ehrlich gesagt keine große Lust mehr noch rumzulaufen und mir etwas anzusehen. So entspannte ich den Nachmittag über und erholte mich. Etwas später dann noch kurz zum Supermarkt, um meine Vorräte für den folgenden Tag aufzufüllen. Dort lernte ich dann doch noch zwei Pilgerinnen kennen. Mit Monika und Andrea aus Rumänien wechselte ich ein paar Worte auf Englisch. Zurück im Außenbereich der Bar angekommen, genoss ich den Sonnenuntergang, bevor es Zeit wurde schlafen zu gehen.

Tag 16: Calzadilla de la Cueza – Sahagún

So zerstört und fertig ich nach dem gestrigen Tag war, so fit und repariert war ich heute Morgen wieder. Immer aufs Neue faszinierend was mein Körper in der Nacht alles schaffte, um sich zu regenerieren! Kaum hatte ich die Herberge verlassen, wurde mir auch schon die Richtung vorgegeben. Vor mir in der Dunkelheit erschien ein riesiger aus ganz vielen Steinen geformter Pfeil auf dem Boden. Mit dem Handylicht war es möglich den Weg einigermaßen gut zu erkennen. Daran hatte ich bei meiner Planung für den Camino nur bedingt gedacht. Ich wollte aber auch keine extra Hand- oder Stirnlampe dabeihaben, das kam mir doch etwas zu viel bzw. albern vor. Außerdem konnte ich so noch Gewicht sparen:-). Trotz der Dunkelheit kam ich sehr gut voran. Nach knapp zwei Stunden mit dem Handy als Lampe in der Hand, ging die Sonne auf und es wurde Zeit für den ersten Stopp und einen Kaffee.

Als ich weiterging, bemerkte ich zwei Pilger unmittelbar hinter mir. Bis dahin nichts Ungewöhnliches. Was mich aber total nervte war, dass sie selbst auf der Straße ihre Gehstöcke benutzten. Dazu leider ohne den nötigen Gummipfropfen, der das „tack tack" auf dem Asphalt schön abdämpfen würde. So waren sie auch aus weiter Entfernung viel zu gut zu hören. Ich ging etwas schneller, um den Abstand zu vergrößern. Das Geräusch sollte mir noch öfter auf dem Weg begegnen. Knappe zwei Stunden später erreichte ich Terradillos de los Templarios. Ein Ort, in dem es eine Herberge gab, die zu Ehren des letzten Großmeisters des Ordens Jaques de Molag errichtet wurde, der 1314 verstarb.

Ich ging weiter und erreichte Moratinos. Nicht zu übersehen waren in dem Dorf zweifelsohne die unzähligen Vorratsspeicher, die vor langer Zeit hier errichtet wurden, da sie so aussahen als würden die Hobbits dort leben. Hinweisschilder machten aber deutlich darauf aufmerksam, dass dies nicht der Fall ist.

Noch kurz bevor ich in Moratinos ankam, überholten mich seit langem wieder andere Pilger. Es waren zwei Deutsche, Jörg aus Düsseldorf und Katrin aus Augsburg. Wir machten uns bekannt und wie es der Teufel so wollte, kannte Jörg auch Gerd bereits. Er war Tage zuvor mit zwei anderen Pilgern die wahnsinnige Strecke von 50 km gelaufen. Jörg berichtete uns von dem Tag und ich konnte es kaum glauben. Katrin und er stoppten in Moratinos. Mich zog es noch etwas weiter bis nach San Nicolas del Real Camino, also dem nächsten Ort auf dem Weg, wo ich mir ein sehr leckeres Frühstück gönnte. Da so im Café nahe der Kirche sitzend, dachte ich darüber nach welch großartige Menschen ich bis jetzt schon kennen lernen durfte und welche Gründe sie hatten, den Jakobsweg zu gehen. Vor allem die Jüngeren wollten nach ihrem Abschluss an Uni oder Hochschule herausfinden, was sie im Leben einmal machen wollen und nutzten dafür jetzt ihre freie Zeit. Andere wiederum hatten Phasen in ihrem Leben in denen sie merkten, dass sie eine Auszeit benötigen, um Abstand von gewissen Dingen zu bekommen oder über ihre jetzige Situation nachdenken zu können. Ohne den Stress den sie zu Hause hatten. Bisher wirkte jeder mit dem ich sprach super selbstreflektiert an diesem Punkt im Leben. Die dritte Gruppe die ich so ausmachen konnte, waren die, die ihr Arbeitsleben bereits hinter sich hatten und jetzt einfach die Zeit für eine so lange Reise hatten...

Ich ging weiter und kam zur Ermita de la Virgen del Puente, einer sehr kleinen Kapelle am Wegesrand, wo ich nochmal eine kurze Pause einlegte. Dreißig Minuten später erreichte ich dann Sahagún, mein heutiges Tagesziel. Die von mir ausgesuchte Herberge wirkte von innen total urig und rustikal. Ich war mit einer der ersten Pilger heute hier. Kurz eingecheckt und den Rucksack am Bett platziert. Die Stadt lud zu einem kleinen Bummel ein, es war ja erst halb eins. Ich freute mich einfach, noch so viel „Tag" übrig zu haben. Beim Schlendern durch die Gassen entdeckte ich den zentralen Platz der Stadt und fand draußen einen schönen Sitzplatz in einem Restaurant an der Ecke. Bestellte mir ein Bier und erhielt eine köstliche kleine Tapa dazu. Die Geschäfte hatten alle geschlossen, na klar es war Siesta. So verfolgte ich das Treiben um mich herum. Auf dem Platz spielten die Kinder mit ihren Eltern, die etwas Größeren fuhren Rad oder Skateboard.

Nach der Siesta öffnete der Supermarkt wieder, sodass ich mich schonmal mit Getränken für den Folgetag eindecken konnte. Noch zu Beginn des Weges hatte ich meine Trinkflasche immer mit dem Wasser aus den gekennzeichneten Brunnen mit der Aufschrift „Aqua potable" aufgefüllt. Da das jedoch nicht dem Qualitätsstandard in Deutschland entsprach und ich manchmal einen recht empfindlichen Magen hatte, entschloss ich mich zu einer Kombination aus Sports Aquarius und Mineralwasser. Nebenbei bemerkt schmeckte das Brunnenwasser auch sehr oft einfach fad. So mischte ich mir jeden Tag etwas zusammen. Nachdem Einkauf ging ich nochmal zurück zu dem Platz an dem ich zuvor saß, es war jetzt so 18 Uhr. Die Kinder spielten noch und in einer Ecke konnte ich beobachten wie ein junger Mann sich um seine im Rollstuhl sitzende Mutter (nahm ich an) liebevoll kümmerte. Es waren rührende Gesten und Berührungen. Jetzt musste ich an Papa denken und war dankbar dafür, was uns evtl. erspart geblieben war, als er im April dieses Jahres plötzlich starb. Jemanden zu pflegen ist nun mal eine große Herausforderung und eine dauerhafte Belastung für alle Beteiligten. Für den Körper, aber auch gerade für die Psyche. Papa hatte mir diese Entscheidung abgenommen. Die Situation hier ging mir sehr nahe. Ich zahlte meine Rechnung und verließ den Platz in Richtung Herberge. Da es noch zu früh fürs Bett war ging ich durch das Restaurant der Unterkunft auf die Terrasse.

Bestellte mir dort ein Glas Wein und eine Flasche Wasser dazu. Zumindest nahm ich es an. Jetzt standen eine Flasche Wein und Wasser auf meinem Tisch… mmmhhh, was tun, dachte ich. Dem Kellner verklickern, dass ich doch nur ein "Copa de Vino" bestellt hatte, wäre mir mit meinen begrenzten Spanischkenntnissen nicht gelungen. Also blieb der Wein da und ich verschwendete so wenig wie möglich von dem guten Zeugs. Ja, die Flasche war am Ende fast leer und ich blieb so noch eine ganze Weile auf der Terrasse. Es war noch herrlich angenehm um draußen zu sitzen. Als ich die Rechnung orderte, staunte ich nicht schlecht, da der Wein nur einen Hauch teurer als das Wasser war…

Was ich erst im Nachhinein erfahren hatte war, dass es hier so üblich war dem Gast eine ganze Flasche auf den Tisch zu stellen, auch wenn er nur ein Glas bestellt hatte. Ein reiner Servicegedanke damit sich jeder so viel nimmt wie er mag. Nachdem ich die Lampe jetzt also ordentlich anhatte und die Sonne komplett am Horizont verschwunden war, suchte ich mein „Einzelzimmer" auf. So fühlte es sich für mich zumindest an, da rund um mein Etagenbett kein weiterer Pilger dazu kam.

Tag 17: Sahagún – Reliegos

Sahagún war in den Morgenstunden schnell verlassen. Der Weg führte mich an einer sehr eintönigen Passage an der Straße entlang. Es war noch ziemlich dunkel und so griff ich wieder zum Handylicht. Nach gut 1 ¼ Stunden erreichte ich Calzada del Coto. Ab hier standen mir wieder zwei Möglichkeiten zur Auswahl. Das ging jedoch in der Dunkelheit total an mir vorbei. Ich realisierte es erst viel später, als ich mal wieder einen Blick in den Wanderführer riskierte. Nach Frómista, vor ein paar

Tagen, sah ich nun heute Morgen meine zweite überfahrene, ausgerechnet schwarze Katze vor mir auf der Straße. Das würde ja wohl hoffentlich etwas Gutes bedeuten... Ich nahm es kurz zur Kenntnis und ging weiter. Der Anblick sollte möglichst schnell wieder aus meinem Kopf verschwinden.

Gestern half ich noch einem Pilger dabei den Weg zurück zu seiner Herberge zu finden, da der Akku seines Handys schlapp machte und er ziemlich verloren in den Straßen von Sahagún wirkte. Heute Morgen traf ich ihn zusammen mit Pablo aus Valencia wieder. Wir drei liefen ein gutes Stück zusammen und tauschten uns über unsere Erlebnisse vom Camino aus, ehe ich beide wieder verließ. Meine Füße taten mir heute beim Laufen durchweg weh, trotz eingelegter Pausen zwischendurch. Ich konnte meine Gedanken auch kaum davon ablenken, weil der vor mir liegende Weg immer noch total zermürbend und eintönig war. Es ging kilometerweit schnurstracks geradeaus an der Straße entlang.

Immer weiter ging es an der Straße entlang. Die Schienen des Hochgeschwindigkeitszuges AVE immer im Blick, die parallel zum Weg einige hundert Meter verliefen. So schaffte ich Kilometer für Kilometer, kam durch einige kleinere Ortschaften und beschloss noch eine gute Stunde vor Reliegos eine Pause einzulegen, um nochmal aus den Schuhen raus zu kommen.

60 Minuten später war mein Tagesziel dann nach 31 km endlich erreicht. Ich ließ die erste Herberge links liegen und folgte der Empfehlung von Google Maps die mich auf eine Kleinere namens „de Ada" hinwies. Dort angekommen, hatte ich Glück da tatsächlich nur noch ein Bett frei war. Ich freute mich total, hier den Tag verbringen zu können. Pedro, der Besitzer der Herberge war auch gleichzeitig der Koch. Ich entschied mich beim Einchecken für das vegetarische Abendessen und war gespannt auf das was mich erwarten würde. Nachdem mein Schlafplatz bezogen war, ging ich sofort unter die Dusche. Mit einem kühlen Bier in der Hand machte ich mich danach auf das kleine Städtchen zu erkunden. Reliegos war mit seinen knapp 230 Einwohnern recht schnell besichtigt. Nach dem kleinen Rundgang fand ich ein schattiges Plätzchen in einem kleinen Café. Wenig später hieß es natürlich noch den Supermarkt aufsuchen, um meine Wasserreserven für den morgigen Tag wieder aufzufüllen.

Nachdem auch das erledigt war, schaute ich mir den süßen Garten meiner Herberge genauer an und entdeckte in der Ecke einen Golden Retriever auf dem Rasen liegen, der sichtlich den Schatten genoss. Pedro hatte den Hund vor einiger Zeit für seine am Down-Syndrom erkrankte Tochter angeschafft. So erzählte er es mir später. Mir ging die Geschichte sehr ans Herz. Er war ein sehr lebensfroher und positiver Mensch. Soweit ich es einschätzen konnte, lebte er allein mit Ada hier. Nach dem Gespräch ging ich raus in den Garten und ließ die Geschichte erstmal etwas sacken. Es war jetzt bereits später Nachmittag. Im Schatten auf der Wiese legte ich meine Füße auf einen Stuhl.

Da ich anscheinend ziemlich k.o. war, schlief ich kurze Zeit später für eine gute halbe Stunde ein.

Späteren Erzählungen zu Folge fand im Garten der Herberge ein kleines Schnarch Konzert zwischen dem Hund und mir statt… So richtig glauben wollte ich das natürlich nicht. Um 19 Uhr gab es Abendessen. Nochmal schnell in die Herberge und etwas frisch machen, den Schlaf aus den Augen reiben. Wir saßen mit 14 Pilgern an einem langen Tisch im Essensraum. Es herrschte eine ganz tolle Atmosphäre. Unter allen Pilgern war ich der einzige Deutsche. Aurelien, ein junger Franzose saß neben mir. Wir unterhielten uns auf Englisch. Ich merkte jedoch, dass ich recht wenig von dem verstand was er sagte, sah es aber mit Humor, da wir eine Konversation beim Essen hatten. Pedro hatte als Vorspeise einen tollen Salat gezaubert und servierte als Hauptgericht eine Quiche mit Zucchini, Zwiebeln, Champignons und Käse. Zum Nachtisch gab es einfach einen Apfel. Nach dem tollen Essen ging ich noch auf die Terrasse und traf dort auf Isabelle aus Neuseeland. Da sie mitbekommen hatte, dass ich aus Deutschland war, bat sie mich einen dieser Zettel, die auf dem Weg am Boden lagen für sie ins englische zu übersetzen. Nach unserer kurzen Unterhaltung gingen wir beide schlafen.

Überall auf dem Camino begegneten mir immer wieder Zitate oder Sätze über die es sich nachzudenken lohnte...

Tag 18: Reliegos – León

Heute wartete die größte Stadt auf dem gesamten Jakobsweg auf uns, es ging nach León. Die gesamte Etappe bis dahin war nicht allzu lang. Zur gewohnten Zeit zog es mich aus dem Bett und ich verließ das kleine Dorf noch im Morgengrauen. Frühstück gönnte ich mir an diesem Morgen in Puente Villarente nach knapp 2 ½ Stunden. So langsam zeigte sich auch die Sonne am Horizont und sorgte dafür, dass es etwas wärmer wurde. Der Ort lag auf 795 m über NN. Meine Etappen verliefen jetzt mit einigen Schwankungen immer in einer gewissen Höhe, sodass es morgens von Tag zu Tag kühler wurde, wenn ich startete. Es war mittlerweile der 21. September. Doch trotz der empfindlichen Kälte in den Morgenstunden ging ich immer noch mit kurzer Hose, dafür aber mit Fleece Pulli los, um mir keinen abzufrieren. Tagsüber wurde es ja dann gegen Mittag mindestens warm bis knalle heiß. Also verzichtete ich morgens aus Bequemlichkeit auf die lange Hose und das Wechselprozedere gegen Mittag.

Nach dem ausgiebigen Frühstück in Puente Villarente traf ich Katrin und Jörg auf dem Weg wieder. Wir unterhielten uns beim Laufen lange über die Arbeit, die Probleme und Schwierigkeiten, die jeder Job so mit sich brachte. Irgendwann philosophierten wir dann über den Sinn des Lebens. Keine Ahnung wie wir darauf kamen. Vielleicht auch völlig normal, wenn man sich auf diesem Weg mit sich selbst beschäftigt und dies zulässt. Die eine Antwort habe ich aber leider auch nicht…

Der Weg an sich war nicht besonders abwechslungsreich. Es ging häufig an bzw. neben der Straße entlang. Aber durch unsere mittlerweile recht tiefgründige Unterhaltung merkten wir drei gar nicht wie schnell die Zeit verging. Ruck zuck waren wir vor der großen Stadt angekommen. Wie schon Tage zuvor in Burgos dauerte es allerdings eine gefühlte Ewigkeit, bis wir ins Zentrum kamen, in dem nicht zu übersehen, die wunderschöne Kathedrale auf uns wartete. Hier trafen wir auch Gerd wieder. Zu viert suchten wir uns direkt in einem Café am Vorplatz der gotischen Kirche einen Platz und erhoben unsere Gläser gemeinsam auf die heutige Etappe. Diese war zugegeben mit knapp 22 km nicht außergewöhnlich lang, aber uns steckten mittlerweile auch so einige Tage in den Knochen und es tat uns allen gut mal einen entspannteren Abschnitt dazwischen zu haben.

Im Gespräch erfuhr ich, dass sich alle drei im Vorfeld in das Hostel in der Seitenstraße eingebucht hatten. Da ich mir für heute noch keine Herberge ausgesucht hatte, checkte ich dort für entspannte 13 Euro ebenfalls ein. Das Hostel lag nur einen Steinwurf von der Kathedrale entfernt. Nachdem wir uns alle frisch gemacht hatten, trafen wir uns am Vorplatz wieder. Wir wollten unbedingt die Kathedrale besichtigen. Mit dem Audioguide in der Hand erfuhren wir viele interessante Geschichten rund um den Bau und den Erhalt dieser eindrucksvollen Kirche. Nach der ca. einstündigen Besichtigung entschlossen wir uns gemeinsam Richtung Altstadt zu ziehen, um dort eine Kleinigkeit zu essen. Als wir eine Weile durch die Gassen schlenderten, entdeckten wir ein Restaurant, mit einem sehr schönen Innenhof, das uns allen gefiel. Animiert von der reichhaltigen Speisekarte, bestellten wir uns alle jedoch mehr als die geplante Kleinigkeit. Tja, was soll ich sagen... Schlussendlich standen vor uns ganze Platten mit diversen Leckereien... Was wir alle völlig vergessen hatten war die Tatsache, dass sich unser Körper in den vergangenen knapp drei Wochen voll aufs Pilgern umgestellt hatte und niemand von uns auch nur ansatzweise in der Lage war so viel zu essen. Uns blutete wirklich das Herz, als wir das Meiste von dem wieder zurückgehen lassen mussten.

Nach dem Essen gingen wir weiter durch die Gassen der Altstadt von León. So langsam erwachte hier nun das Leben auf den Straßen, nachdem fast alle Geschäfte geschlossen waren und sich die Bars der Stadt mit Menschen füllten. An einem ganz tollen Platz tranken wir vier gemeinsam noch ein Glas Wein, bevor es für mich zurück ins Hostel ging. Diese Stadt ist definitiv eine weitere Reise wert. Heute bekam ich einen ersten fantastischen Eindruck davon. Katrin, Gerd und Jörg würden noch einen Tag hierbleiben. Mich zog es wieder weiter. So verabschiedete ich mich vorerst von allen. Vielleicht würden wir uns auf dem Weg ja noch einmal begegnen. Im Hostel angekommen, schlief ich nach dem Zähneputzen auch direkt ein, wurde jedoch gegen zwei Uhr wach, weil in dem kleinen Raum plötzlich eine Bullenhitze herrschte. Jedoch war die Ursache hierfür schnell gefunden. Alle Fenster waren zu und auch leider auch aus Sicherheitsgründen verschlossen. Keine Chance auf frische Luft, egal! Ich musste jedoch zwangsläufig an meine Herberge in Nájera und den riesigen Schlafsaal denken. Jedoch mit dem feinen Unterschied, dass es hier keine 80 Leute waren, sondern maximal 12. Aber stickig und warm war es trotzdem. Nachdem diese Nacht also nicht so besonders erholsamen war, stand ich bereits um sechs Uhr auf und machte mich bereit für die nächste Etappe.

Tag 19: León - Hospital de Órbigo

Wie schon Tage zuvor in Burgos, war der Weg raus aus dieser riesigen Stadt sagen wir, etwas kompliziert... Auch diesmal lag meine Herberge nicht direkt am Weg. So versuchte ich mit Handy und den Laufwegen der anderen Pilger mich zu orientieren. Hinzu kam, dass es ab León einen weiteren Jakobsweg in Richtung Oviedo gab. Es handelte sich hierbei um den sogenannten "Camino del Salvador". Die Hinweise in Form von gelb gemalten Pfeilen auf dem Boden könnte man im Halbschlaf morgens schonmal leicht übersehen...

Die erste Kaffeepause genehmigte ich mir heute gegen 09:15 Uhr. Es gesellten sich mittlerweile neue Schmerzen hinzu, sodass die häufigeren Pausen für mich einfach nötig waren. Meine rechte Hüfte und mein rechtes Knie taten mir jetzt bei jedem einzelnen Schritt weh. Wahrscheinlich eine Folgeerscheinung der Dauerbelastung meines Rucksacks, der mittlerweile 18 Tage auf meinem Rücken lastete. Da heute erst einige km hinter mir lagen, versuchte ich die Schmerzen so gut es ging auszublenden bzw. mich abzulenken, was mir aber überhaupt nicht gelang. Mein heutiges Tagesziel sollte Villavante_werden. Das kleine Dorf lag knapp 29 km von León entfernt und so lag doch noch ein ganzes Stück vor mir, wenn ich nicht vorher abbrechen würde. Halte ich das denn mit den Schmerzen so lange aus!? Villavante war im Reiseführer nicht als das klassische Etappenziel ausgewiesen. Generell wollte ich einfach etwas raus aus den Pilgermassen, da sich die meisten an den im Buch vorgeschlagenen Etappenzielen hielten. Mittlerweile traute ich mir jedoch immer öfter zu, eher unkonventionell zu planen. Beim Weitergehen griff ich zum Telefon und rief eine sehr gute Freundin in Bochum an.

Wir unterhielten uns über den Weg, das bisher Geschehene und auch die Möglichkeit über Santiago hinaus bis ans Meer nach Finisterre zu gehen. Zeitlich würde das alles passen, da ich mir ja genug Urlaub genommen hatte. Ich ließ sie aber auch wissen, wie meine derzeitige Tagesverfassung denn so aussieht und ich mit gerade überhaupt nicht vorstellen konnte, weiter zu laufen als nötig. Ich musste ihr versprechen, nochmal darüber nachzudenken. Bis Santiago war ja noch etwas Zeit. Sie hatte mit ihrer Argumentation natürlich völlig Recht, als sie mich fragte, wann ich wohl zum nächsten Mal die Gelegenheit nutzen werde, um dann von Santiago bis ans Meer zu wandern. Aktuell fühlte ich mich aber alles andere als wohl und einfach nicht gut gerüstet um meinen Körper noch weitere drei Tage mehr zu quälen.

Nach dem Telefonat war es Zeit für eine weitere Pause. Ich gönnte mir zum Mittag ein Bier und legte die Füße auf einen

Stuhl, um etwas zu entspannen. Die Schmerzen in der Hüfte und dem Knie ließen da so sitzend etwas nach. Villavante, mein eigentlich geplantes Tagesziel, ließ ich nach dieser Pause hinter mir. Mich zog es, trotz der Schmerzen die ich hatte und immer noch verspürte, weiter.

Erklären kann ich es nicht. Vielleicht wollte ich mich einfach quälen und immer wieder aufs neue Grenzerfahrung sammeln. Bis zum nächsten etwas größeren Ort, Hospital de Órbigo waren es nur noch knapp 6 Km, also etwas mehr als eine Stunde. Durch das Gespräch mit Isabella in Reliegos fiel meine Wahl auf eine ganz bestimmte Herberge. Sie berichtete mir von der Unterkunft und gab mir den Tipp dort zu bleiben, da sie viel Gutes darüber gehört hatte. In dieser wurde auch vegetarisch gekocht. Und wie der Zufall es wollte traf ich Isabella kurz vor Hospital wieder. So kamen wir gemeinsam an der Herberge an. Sichtlich gezeichnet von der heutigen Etappe, nach gut 35 km. Es war ein richtig schönes Anwesen mit großem Garten, zwei Hunden und viel Platz zum Entspannen.

Im Gegensatz zu Isabella hatte ich vorher jedoch nicht reserviert. Mein Glück, dass es auch diesmal noch ein freies Bett gab. Ich ging ins Zimmer, bereitete mein Bett für die Nacht vor, machte mich frisch und suchte mir im Garten einen Platz in der Sonne... Als mir dann einfiel, dass ich noch zum Supermarkt an der Ecke musste, um für den morgigen Tag gerüstet zu sein. Mit Obst, Wasser und zwei Dosen Bier ging es wieder zurück. Da ich sonst niemanden erkennen konnte, der etwas Alkoholisches in der Hand hielt, war ich mir erst nicht sicher ob sowas hier überhaupt erwünscht war. Als ich fragte erhielt ich zustimmend von allein ein Nicken zurück. Mit einem Zisch war die Dose auf und es ging zurück in die Sonne. Beim Chillen im Garten lernte ich Bea aus der Schweiz und Theresia aus dem Allgäu kennen. Die beiden kannten auch schon Jörg und Gerd, denen sie vor einigen Tagen auf dem Weg begegneten. Wir kamen in ein lockeres Gespräch und tauschten uns über das Erlebte aus. Schließlich waren wir alle jetzt schon gute drei Wochen unterwegs.

Mir fiel auf, dass in dieser Herberge fast ausschließlich deutsche Pilger eingekehrt waren. So ergaben sich im Garten viele Gespräche unter den Reisenden. Vor dem angekündigten Abendessen lernte ich noch Erika und eine Freundin von ihr kennen. Sie waren etwas älter, schätzungsweise um die 60. Ich erfuhr von Erika, dass ihre Freundin vor vier Jahren einen Herzinfarkt erlitten hatte und der Jakobsweg schon immer eines ihrer Ziele im Leben war. Sie war jedoch unsicher, ob sie nach dem Infarkt noch diesen Strapazen gewachsen sei. Ihr Arzt gab grünes Licht und nun konnten die beiden hier sein. Als wir auf unsere Familien zu sprechen kamen, erfuhr ich, dass Erikas Sohn ebenfalls psychisch krank war. Schon hatten wir ein Thema, über das wir uns ausgiebig austauschen konnten. Die Freundin berichtete mir von einer „Hellinger Familienaufstellung" mit der ich zu diesem Zeitpunkt überhaupt nichts anfangen konnte. Oftmals spielten jedoch die Ahnen eine große Rolle bei Entwicklungen der zukünftigen Generationen. Häufig sind ungeklärte Verhältnisse in der Familie hierfür ausschlaggebend, so berichtete sie mir. Ich nahm mir vor mich mit dem Thema näher zu beschäftigen, wenn ich wieder zu Hause bin. Der Nachmittag neigte sich dem

Ende entgegen und damit wurde auch mein Hungergefühl spürbar mehr. Vor dem Abendessen sprachen uns die Herbergsväter an und luden uns ein an einer Zeremonie teilzunehmen. Diese fand heute erstmalig unter dem neu gebauten Dach im Garten statt. Das Ganze würde ca. 20 Minuten in Anspruch nehmen. Neugierig von dem was uns wohl erwarten würde, nahmen viele Pilger die Einladung an. So saßen wir wenig später alle auf kleinen Holzklötzen im Halbkreis versammelt. Ein kleines Feuer wurde angezündet. Der Sprecher begann mit einleitenden Worten auf Spanisch, die von einem Freund ins Englische übersetzt wurden. Bis hierher alles noch in Ordnung. Doch nach den ersten Minuten fing der Sprecher plötzlich mit wilden Atemübungen an. Ein schnelles Ein- und Ausatmen, immer wieder, eine ganze Weile lang. Das kam mir doch etwas skurril vor. Ich schaute ungläubig zu Bea und Theresia. Beide mussten sich ziemlich beherrschen, nicht laut los zu lachen. Konzentriere dich, Stephan. Versuche der Sache mit Respekt zu begegnen. Was mir allerdings mit zunehmender Dauer immer schwerer fiel.

Mein Blick streifte die Runde. Einige schlossen sich diesen Atemübungen an, andere schauten genauso verdutzt wie ich. So wirklich verstanden hat den Zweck wohl niemand. Es wurde immer wieder etwas vorgetragen oder auch teilweise gesungen, bevor wieder laut geatmet wurde. Den Rest kürze hier jetzt mal ab. Aus den angekündigten 20 Minuten wurde eine geschlagene Stunde. Auf gut Deutsch, mir tat mein Arsch mittlerweile sowas von weh! Das machte es zusätzlich schwer die ganze Nummer hier zu ertragen. Noch bevor das Spektakel vorbei war, musste ich an Mama denken, die garantiert nicht so viel Geduld wie ich aufgebracht hätte. Vermutlich wäre sie nach kurzer Zeit einfach aufgestanden und hätte mit ernster Miene in die Runde gefragt: „Was soll denn der ganze Firlefanz hier? Ich habe Hunger, lasst uns endlich essen". So hatte ich sie in Erinnerung.

Und dann hatten wir es tatsächlich geschafft und es ging zum Abendessen. Vielleicht reicht mein Horizont einfach nicht für derartige Dinge aus. Aber vielleicht bin ich für spirituelle Dinge einfach nicht empfänglich. Ich war nur heilfroh endlich von diesem unbequemen Holzklotz runterzukommen... Durch die Zeremonie war es mittlerweile schon viel zu spät zum Essen, die Uhr zeigte kurz vor 21 Uhr an. Ein Blick auf den reich gedeckten Tisch machte mir jedoch klar, dass sich alle Köche und Helfer verdammt viel Mühe gegeben hatten. So setzte ich mich neben Bea und Theresia an den Tisch. Das Essen war schlichtweg grandios! Leider aber auch viel zu viel für diese Uhrzeit. Da ich nicht mit vollgeschlagenem Bauch schlafen gehen wollte, aß ich von allem eine Kleinigkeit und lag dann wenig später im Bett.

Tag 20: Hospital de Órbigo – Santa Catalina de Somoza

Nach dem, sagen wir mal etwas spektakulärem Vortrag am Abend, wollte ich heute Morgen unbedingt früh und sofort los. Gestern hatte ich noch vergessen den Donativo für das Essen in den Korb zu legen, der in der Ecke stand. Das holte ich heute

Morgen schnell nach. Mit mir war noch eine Engländerin im Vorraum die ebenfalls schon auf den Beinen war. Auf geht's dachte ich. Für alle Pilger, die morgens früh loswollten, gab es in den Herbergen immer eine Tür, die nach außen hin quasi durchgängig zu öffnen war. So ging ich zum Tor, durch welches wir gestern gekommen waren... abgeschlossen! Mmmhhh... Ich ging am Zaun entlang und entdeckte in einer Ecke am Ende des Gartens ein weiteres Tor. Mit dem Handylicht leuchtete ich mir den Weg dorthin über die vom Morgentau noch nasse Wiese. Aber auch dieses Tor war zu.

Scheisse, dachte ich. Und was nun?! Die "Herbergsväter" schliefen noch und ich wollte diese auch unter keinen Umständen wecken. Das gestern war mir einfach zu skurril. Es herrschte eine kurze Ratlosigkeit in mir. So atmete ich einmal tief ein und aus und drehte mich um. In der Herberge war noch kein Licht zu erkennen. Also weiter nachdenken, wie käme ich hier raus? Über den Maschendrahtzaun zu klettern war nicht drin, der war einfach zu hoch und über dem Eingangstor befanden sich Metallspitzen... Das würde grundsätzlich in die Hose gehen, gerade mit dem vollen Rucksack. Ich schaute mich weiter um, hier muss es doch etwas geben. Dort wo gestern die Zeremonie stattfand, entdeckte ich nahe dem Zaun eine Palette mit Zementsäcken, da das Gebäude noch nicht komplett fertig war. Ab jetzt war für mich klar, wie ich hier rauskomme. So stieg ich auf die Palette, nahm meinen Rucksack ab und ließ ihn an der anderen Seite vorsichtig herabgleiten. Dann kletterte ich über den Zaun und ließ mich etwas unsanft ebenfalls fallen. Geschafft und nicht verletzt! Schien so, als würden immer noch alle schlafen, da kein Licht in der Herberge zu erkennen war.

Bloß weg hier, dachte ich. Mit dem Handylicht ging es nach dem Frühsport auf den Camino. Zuerst über einige Feldwege und später dann durch kleine Ortschaften.

An der nächsten Gabelung nahm ich die alternative Route, wie im Wanderführer beschrieben. Diesmal wollte ich den Abzweig nicht verpassen. Zur Belohnung sah ich einige Minuten später einen herrlichen Sonnenaufgang von einem Berg aus. Vielleicht auch als Entschädigung für meine Kletterei am Morgen, ich redete es mir jedenfalls ein. Weiter auf dem Weg zogen sich breite Feldwege durch die hügelige Landschaft und lockere Eichenwälder wechselten sich jetzt mit Getreidefeldern ab. Erst nach knapp vier Stunden machte ich den ersten richtigen Stopp in der Stadt Astorga. Ich fühlte mich gut und hatte bisher keine Schmerzen. Die letzten Meter ins Zentrum waren dann nochmal Arbeit, da Astorga auf einer Anhöhe erbaut wurde. So lagen noch einige steile Straßen vor mir. Im Zentrum angekommen war der Palast Gaudis nicht zu übersehen.

Ein wunderschönes Gebäude in einer beeindruckenden Architektur. An dem Platz davor gönnte ich mir bei bestem Wetter im Außenbereich ein leckeres Frühstück. Was sich preislich auch richtig bemerkbar machte. Egal, das Frühstück war für mich jeden Morgen ein Highlight und an diesem Hotspot kostete es halt nen Euro mehr. Während ich so dasaß und mir einige Notizen in mein Buch machte, trudelten Bea und Theresia ein. Auch sie wollten hier eine Pause einlegen. So gingen wir drei dann das nächste Stück gemeinsam. Es war fast Mittag und die Sonne brannte uns mittlerweile ordentlich auf den Pelz. Was war ich doch froh meinen Sonnenhut dabei zu haben, nicht schön, aber wichtig!

Gute zwei Stundens später kamen wir gegen 14 Uhr sichtlich ausgetrocknet von der Mittagshitze in Santa Catalina de Somoza an. Das urige kleine Dorf zählte gerade einmal 50 Seelen. Bea traf hier eine Freundin wieder, die dort bereits auf sie wartete. Gabi hieß sie. Theresia und Bea wollten jedoch nur einen Stopp machen und noch weitergehen. Ich beschloss hier zu bleiben. Mir gefiel das beschauliche Dorf und außerdem reichten mir die heutigen 25 km völlig aus. Die Herberge, El Caminante wirkte auf mich super einladend. Ich ließ meinen Rucksack vor der Herberge stehen und betrat das kleine Restaurant. Auch hier vollzog sich wieder das sehenswerte Schauspiel mit dem eisgekühlten Bierkrug! Gemeinsam genossen wir draußen im Schatten unsere kalten Getränke und plauderten noch etwas. Bea und Theresia machten sich kurze Zeit später wieder auf den Weg und kehrten dem kleinen Dorf den Rücken zu.

So unterhielt ich mich mit Gabi weiter. Sie erzählte mir von ihrer ersten Ehe und ihrem neuen Mann. Wir tauschten uns über den Camino aus und was jeder von uns bisher so erlebt hatte. Nun wurde es aber langsam mal Zeit für eine Dusche dachte ich... verschwand in der Herberge und verabschiedete mich kurz von Gabi. Frisch und sauber kehrte ich zurück. Als ich wieder nach draußen kam, war sie allerdings nicht mehr da. So ging ich ein paar Schritte durch das beschauliche Dorf. Auch am späten Nachmittag war es in der Sonne immer noch herrlich warm. Ein guter Zeitpunkt, um einen Videoanruf mit meinen

Freunden in Bochum zu starten. Gesagt, getan. Selbst hier in der hinter letzten Pampa gab es LTE. Zu Hause ging es allen gut! Nach dem Anruf schaute ich mir das kleine Dorf noch etwas an, genoss die letzten Sonnenstrahlen und das laute Zirpen der Grillen. Leider gab es hier keinen Supermarkt, so musste ich mich später in der Herberge mit dem Nötigsten für den nächsten Tag versorgen. Dort angekommen genehmigte ich mir erstmal eine Sangria. Da mein Hunger nicht so groß war, aß ich nur einen gemischten Salat zum Abendessen. Ein paar Kätzchen, die um mich rumschwirrten maunzten mich an. Die hatten schätzungsweise auch Hunger. Nach dem Essen ging es dann auch bald ins Bett. Es war zwar erst kurz nach acht Uhr, aber so hatte mein Körper ausreichend Zeit sich in der Nacht zu „reparieren".

Tag 21: Santa Catalina de Somoza – El Acebo

Meine Nacht war etwas unruhig, kein Plan warum, ich war einfach öfter wach. Nichtsdestotrotz stand ich um kurz nach sechs auf. Die ersten knapp zwei Stunden ging es wieder durch die Dunkelheit, meist auf oder neben der Landstraße. Um diese Uhrzeit waren so gut wie keine Autos unterwegs, ab und an bekam ich allerdings schon ein mulmiges Gefühl, gerade wenn mir ein LKW entgegen gebrettert kam. Der nächste etwas größere Ort war zum Glück bald erreicht. Der Weg verlief sehr ähnlich weiter, wenig abwechslungsreich. Ich frühstückte in

Rabanal del Camino, dem Ort den Bea und Theresia als ihr gestriges Etappenziel auserkoren hatten. Ich hoffte, dass die beiden hier am Vortag in der Mittagshitze gut angekommen und jetzt bestimmt wieder vor mir auf dem Weg waren. Hinter Rabanal ging es wieder bergauf, und zwar richtig! Es begann der Aufstieg zum Puerto de Foncebadón. Der Weg wurde mit jedem Schritt beschwerlicher, die Landschaft dafür deutlich reizvoller und schöner. Die Meseta mit ihrer kargen Landschaft war nun so gut wie vergessen. Meist über Schotterwege ging es durch kleine Wälder oder hoch gewachsene Wiesen, die mit zunehmendem Weg immer höher wurden.

In Foncebadón machte ich eine kurze Pause, bevor es weiter zum Cruz de Ferro ging. Dem mit 1528 Metern höchstem Punkt auf dem Camino. Hier steht das berühmte Eisenkreuz, an dem die Pilger obligatorisch einen Stein hinterlassen, um ihre Sorgen niederzulegen, die sie von zu Haus mitgebracht hatten. Ich hatte zwar keinen Stein von zu Hause mitgebracht, nutze jedoch auch die Chance und ließ eine große Sorge hier. Meine Gedanken sollten ihren Seelenfrieden finden. Wieder einmal war das Wetter fantastisch und keine Wolke war am Himmel auszumachen. Allerdings war es gleichzeitig undenkbar nur im T-Shirt unterwegs zu sein. Dafür war es hier oben einfach zu windig und kalt. Als ich meinen Stein am Cruz ablegte und ein Foto machen ließ, realisierte ich, dass ich jetzt tatsächlich schon drei Wochen unterwegs war. Wie viele km ich schon abgerissen hatte, was ich alles erlebt hatte, welch tolle Menschen und Momente durfte ich kennenlernen und erfahren. Aber auch welche Pannen mir passiert waren und an wie vielen Tagen ich mit Schmerzen gelaufen bin... und und und...

Ein Gedanke war mir aber dauerhaft präsent seitdem ich unterwegs war. Der Camino nahm und der Camino gab, auf seine ganz eigene Weise. Zumindest fühlte es sich für mich so an. Ab dem Cruz de Ferro ging es leicht bergab auf sehr steinigen Pfaden. Es eröffneten sich mir einige spektakuläre Ausblicke auf die Berge der Sierra Teleno. Nach den langen Entbehrungen der Meseta ein regelrechter Genuss für meine Augen. Eine gute halbe Stunde später erreichte ich das größtenteils verfallene Manjarín. Nur noch ein leidlich instand gesetztes Haus dient in dem bereits 1180 schriftlich erwähnten Ort als einfache Herberge. Die Unterkunft wird im Wanderführer als "sehr speziell" ausgewiesen, kein Warmwasser und ein Plumpsklo. Offiziell ist hier ein Einwohner verzeichnet. Von außen betrachtet eröffnete sich mir jedoch ein sehr farbenträchtiges Bild!

Ab hier ging es für knapp anderthalb Stunden noch einmal bergauf. Belohnt wurde ich danach mit weiteren grandiosen

Ausblicken in das weite Tal des Río Sil bis nach Ponferrada. Der darauffolgende Abstieg verlangte wieder meine volle Aufmerksamkeit und Konzentration. Rutschiger, steiniger Untergrund, sodass sich mein Blick fast unentwegt auf den Boden konzentrierte. Eine gute dreiviertel Stunde später erschien dann nach zig weiteren Abbiegungen endlich das kleine Dorf. Schmuck sah es aus von hier oben. Alle Häuser zierten schwarze Schieferdächer. Es war das typische Baumaterial in dieser Region. Offiziell hatte El Acebo ganze 37 Einwohner und lag auf 1150 Meter Höhe. In einer von zwei Herbergen hatte ich mir gestern schon vorsorglich einen Platz reserviert, da diese nicht besonders groß waren und der nächste Ort zu weit entfernt um darauf auszuweichen.

Als ich ankam, checkte ich in Ruhe ein und gönnte mir nach der üblichen Körperpflege eine leckere Portion Eier mit Schinken und Pommes aus der Pfanne. Als Erfrischung diente mir auch heute ein kühles Bier. Die Etappe zog sich über stolze 29 km. Nach dem Essen und einem kleinen Spaziergang durch das Dorf ging ich zurück in den Garten der Herberge. Dort suchte ich mir einen schattigen Platz und bestellte mir eine Sangria. Die Aussicht von hier oben in das weite Tal war atemberaubend. Als ich wenig später eine junge Frau neben mir bemerkte, sprach ich sie an. Sie hieß Alex und kam aus Quebec in Kanada. Wir unterhielten uns über unsere bisherigen Erlebnisse und Eindrücke vom Weg. Mit zunehmender Dauer kam da jetzt schon eine ganze Menge zusammen. Alex war 31 Jahre jung und arbeitete selbständig in ihrer Chirotherapie Praxis. Sie brauchte einfach eine Pause. Das war der Grund um hierher zu kommen. Ihrem Englisch konnte ich sehr gut folgen,

111

so unterhielten wir uns sehr lange und angeregt, bis die Sonne am Horizont verschwand. Hier oben wurde es dann auch direkt schlagartig kalt. Gegen 22 Uhr gingen wir beide rein und nach dem langen Tag auch ins Bett.

Tag 22: El Acebo – Cacabellos

Direkt am Ortsausgang von El Acebo erinnerte ein Denkmal an den im Jahre 1987 mit dem Rad tödlich verunglückten deutschen Pilger Heinrich Krause. Die Fahrer werden deshalb auch weiterhin vor der kurvenreichen und steilen Abfahrt nach Molinaseca gewarnt. Ich verharrte kurz und hielt inne an dieser Stelle. Weiter ging es auf den ersten Kilometern des Tages meist über Landstraßen oder Feldwege. Hinter Riego de Ambrós erwartete mich dann ein sehr schöner, aber auch verdammt steiler und steiniger Pfad nach unten. Dieser war in der Dunkelheit schon eine ziemliche Herausforderung und sehr anspruchsvoll. So hieß es am frühen Morgen schon hellwach und konzentriert sein. Da ich mich noch auf knapp 900 Metern über NN befand, war es dazu noch sehr kalt. Trotzdem bin ich wieder nur mit kurzer Hose gestartet, da es ein schöner Tag ohne Regen werden sollte. Der Fleece Pulli hielt mich obenrum ausreichend warm. Der Weg führte mich durch und zwischen die Berge. So konnte ich an einem bestimmten Punkt Zeuge eines tollen Naturschauspiels werden.

Ich blieb stehen und beobachtete wie der Mond hinter den Bergen verschwand und an der anderen Seite die Sonne langsam den Tag erhellte.

Ein paar Meter weiter erwartete mich dann ein kleines Rätsel im Morgengrauen, da die Kennzeichnung vom Weg so gar nicht eindeutig war. Nachdem dieses nach kurzer Verwirrung gelöst war und ich wieder auf "dem richtigen Weg" war, tauchte nach den sehr anspruchsvollen ersten acht Kilometern der Ort Molinaseca auf. Ein sehr schönes kleines Städtchen mit prunkvollen Villen am Ortseingang. Für eine erste Pause kam mir der Ort etwas zu früh. Zwei Stunden später kam ich in Ponferrada an. Einer Stadt die im Reiseführer besondere Erwähnung fand. Mir fiel hier nur die beschriebene Templerburg auf, an der der Weg entlangführte. Den Rest der Stadt fand ich kurz gesagt ziemlich hässlich. Viele Hochhäuser mit zig Wohneinheiten, die dicht nebeneinanderstanden und den Charme einer Plattenbausiedlung versprühten. Vielleicht empfand ich dies auch in diesem Moment als total krassen Gegensatz nach den vielen kleinen beschaulichen Bergdörfern und der Ruhe dort. Ponferrada war mit knapp 65.000 Einwohnern eine große und laute Stadt. So ging ich, trotz des

Kaffeedurstes schnellen Schrittes durch sie hindurch. Jetzt wurde es aber nach 4 ½ Stunden verdammt nochmal so langsam Zeit für eine Pause.

Ich kam nach Columbrianos, welches gemeindetechnisch noch zu Ponferrada gehörte, aber mit knapp 1.400 Einwohnern wesentlich beschaulicher war. Im Innenhof eines kleinen Cafés entdeckte ich einen schattigen Platz. Der fröhlich trällernde Kanarienvogel in der Ecke war nicht zu überhören. Es kam mir so vor, als würde er passend zur Musik im Radio mitsingen. Nach dem wohltuenden Break in dem süßen Café ging es weiter durch zahlreiche kleine Orte, in denen immer wieder schöne Häuser auf sehenswerten Grundstücken den Wegesrand zierten. Nachdem ich einen weiteren Ort namens Camponaraya hinter mir ließ, erreichte ich nach knappen 32 km mein heutiges Tagesziel, Cacabellos.

An der Herberge La Gallega traf ich Bea und Theresia wieder, die sich bereits für heute hier einquartiert hatten. So checkte ich ebenfalls ein und betrat kurze Zeit später mein Zimmer. In diesem standen nur vier Einzelbetten. Nach den vielen Großraumschlafsälen gefühlt wie ein 6er im Lotto und gleichzeitig eine tolle Überraschung. Hinter mir betraten noch drei Frauen aus Kolumbien den Raum. Es waren Maria und ihre Nichten, mit denen ich heute das Zimmer teilte. Maria sprach sogar etwas deutsch, da sie einige Zeit in Deutschland lebte. Nach der Begrüßung und einem kurzen Smalltalk, überließ ich den Frauen das Badezimmer. Bea und Theresia hatten mir geschrieben, dass es in der Nähe einen Fluss gab, der zum Baden einlud. Die beiden waren nämlich schon da. Ruck zuck hatte ich mein Handtuch eingepackt und schluffte in meinen Flipflops Richtung Fluss. Als ich über eine Brücke ging, konnte ich die beiden schon aus der Ferne auf einer Liegewiese erkennen. Das Wetter war auch an diesem Tag sensationell, sodass es mich, als ich dort ankam, nicht lange hielt, um ins Wasser zu kommen. Mit einem Fuß im Wasser zuckte ich doch etwas zusammen. Es war saukalt. Nach kurzem Zögern und einigen "Mimimi" ging es dann mit einem Köpper rein ins kühle Nass. Was für eine geile Erfrischung nach dem anspruchsvollen Wandertag. Wieder einmal Belohnung für alle Mühen. Gemeinsam genossen wir das geniale Wetter bis in den späten Nachmittag hinein. Lagen einfach faul auf der Wiese im Schatten. Erst der Hunger trieb uns zurück in das kleine Städtchen. Wir brachen unsere Zelte ab und machten uns auf in die Herberge. Im Zimmer angekommen, waren die Frauen nicht oder noch nicht wieder zurück. So konnte ich mich in Ruhe duschen und fertig machen. Bea und Theresia warteten vor der Herberge auf mich und erzählten mir, dass es in der Nähe eine Bodega gab, in der eine Weinverkostung stattfand. Wir machten uns auf den Weg und standen keine zwanzig Minuten später in einem sehr sehenswerten Gebäude. Hier gab es viel zu entdecken. Neben den vielen tollen und teilweise sehr alten Weinen wurde auch Feinkost zum Verkauf angeboten. Leider konnten wir davon überhaupt nichts mitnehmen in unseren Rucksäcken. So blieb uns eben mehr Zeit für die Weinprobe.

Nach diesem kleinen "Leckerchen" hatten wir jetzt aber nun wirklich Hunger! Ein paar Meter zurück im Ort entdeckten wir ein sehr schickes, kleines Restaurant, wo wir uns das Essen und

natürlich auch den Wein schmecken ließen. Nach dem
entspannten Nachmittag am Wasser und dem tollen Abend
waren unsere Akkus aber auch so langsam platt. So gingen wir
recht schnell zurück in die Herberge.

Tag 23: Cacabellos – La Faba

Der erste Gedanke, der mir an diesem Morgen nach dem
Aufstehen durch den Kopf schoss war, dass ich verdammt
lange nicht mehr so gut geschlafen hatte. Niemand der über
oder unter mir im Stockbett lag, sich nachts gedreht hatte oder
aufstehen musste um dann das ganze Bett ins Wanken zu
bringen. Kein lautes Rascheln oder Wuseln um mich herum.
Auch noch im Nachhinein betrachtet, war das ein herrliches
Gefühl!

Da ich mal wieder vor meinem Wecker wach wurde, machte
ich mich leise fertig und zog schon um kurz vor sechs Uhr los.
Die Frauen schliefen noch. Es ging erstmal größtenteils an der
Landstraße entlang raus aus der Stadt, durch einige kleine Orte.
Nach knapp zwei Stunden war ich in Villafranca del Bierzo. Der
richtige Moment für einen ersten Stopp und einen heißen
Kaffee dachte ich. "Klein-Compostela" nannten die
mittelalterlichen Pilger die Stadt, da Kranke und Schwache, die
die Wallfahrt über den hohen Cebreiropass (der mir noch
bevorstand) bis in die Apostelstadt nicht fortsetzen konnten,
auf den Stufen der Puerta del Perdón (Gnadenpforte) der

Iglesia de Santiago den gleichen Ablass wie am Apostelgrab in Santiago erhielten. Nach meiner Pause, traf ich auf Simone aus Freiburg. Wir standen fast zeitgleich an einer Gabelung und suchten den richtigen Weg raus aus der Stadt. So kamen wir ins Gespräch. Im Reiseführer wurden ab hier wieder zwei mögliche Routen vorgeschlagen. Der eine führte an der Straße entlang.

Der Zweite sogenannte „Camino Duro" (harter Weg) führte sehr steil bergauf. Nach kurzem Zögern entschieden wir uns beide für den Camino Duro, welcher unmittelbar nach Villafranca del Bierzo begann. Der Weg an der Straße wirkte auf uns beide wenig reizvoll, auch wenn dieser bestimmt wesentlich leichter gewesen wäre. So ging es für uns in den ersten 20 Minuten des Weges sehr steil bergauf. Die Beschreibung passte wie die Faust aufs Auge. Es war wirklich heftig. Mein Puls schoss hoch und mir fiel das Sprechen schon nach den ersten Minuten echt schwer. Wir beide kamen in den frühen Morgenstunden ordentlich ins Schwitzen. Simone gab mir kurz darauf ein Signal, dass sie doch etwas langsamer machen müsste. Ich verabschiedete mich von ihr und ging den Anstieg allein weiter nach oben. War er anfangs noch asphaltiert, so säumten kurze Zeit später größere Steine oder sogar Felsbrocken den Weg.

Bei Regen muss das hier noch eine ganz andere Nummer sein, dachte ich in diesem Moment. Mein Glück, dass sich wieder ein herrlicher Sonnentag anbahnte. Als ich oben ankam, wurde ich zudem mit einer herrlichen Aussicht auf das hinter mir im Tal liegende Villafranca del Bierzo für den anstrengenden Aufstieg

belohnt. Einfach fantastisch! Mein Puls beruhigte sich und ich
gönnte mir eine kurze Erholungspause dort oben.

Ab hier ging es noch etwas weiter bergauf, bevor ich dann den
höchsten Punkt auf 923 Metern erreichte. Leicht bergab kam ich
kurz darauf in einen wunderschönen Wald mit mächtigen
Edelkastanien, genauso wie es im Buch beschrieben war. Wie
geil ist das denn dachte ich, einfach nur schön. Wieder hatte es
sich in meinen Augen gelohnt den schweren Part zu wählen.
Die Anstrengung von vorhin hatte ich schon wieder verdrängt.
Und dann diese herrliche Ruhe hier oben. Die Straße, die
unterhalb des Berges verlief, konnte ich zwar sehen, aber kein
Geräusch drang bis hier hin durch. Jetzt wartete allerdings auch

direkt wieder die nächste Herausforderung, der Abstieg nach Trabadelo. Es ging über 400 Meter bergab. Nun meldeten sich auch meine Schmerzen wieder, diesmal an meinem rechten Schienbein. Ein brennender Schmerz bei jedem Schritt. Sehr wahrscheinlich durch das ewige Auf- und Ab die vergangenen Wochen. Dafür bekam ich jetzt die Quittung. Wieder mal der Versuch den Schmerz so gut es ging auszublenden und mich nicht zu sehr darauf zu konzentrieren. In Trabadelo angekommen, war es Zeit für eine Pause. Sofort raus den Schuhen um die Füße hochzulegen, was für eine Wohltat. 5 ½ Stunden war ich bereits unterwegs. Eine Tortilla und ein kühles Bier waren heute mein zweites Frühstück.

Nach der Pause ging es weiter Richtung Ambasmestas. Bea und Theresia waren hier in einer kleinen deutschen Herberge an einem Fluss untergekommen. „Das Animas" hieß sie. Ich traf die beiden dort, warf einen Blick hinein und unterhielt mich eine Zeit lang mit dem Besitzer, der mir spontan ein Estrella Damm auf den Tisch stellte. Nach der kurzen Erholungspause wollte ich jedoch noch weiter. Ich kann euch nicht beschreiben warum, aber trotz der Anstrengung, der Schmerzen und der bisher zurück gelegten Strecke, war es so, dass ich weiter "musste". Der Weg zog mich einfach an wie ein Magnet. Wie gesagt, ich hatte ja keine Eile, zu keiner Zeit, aber es war wie es war. So startete ich nach der kleinen Erholungspause wieder. Die Uhr zeigte kurz nach eins. Es war heute nicht so heiß wie an den Tagen zuvor. Aber durch das heutige Pensum spürte ich jede Zelle meines Körpers. Entlang an ganz kleinen Ortschaften und vorbei an Kuhwiesen kam mir plötzlich der Gedanke, bis

La Faba zu gehen, was bedeuten würde, dass ab hier noch gut 10 km vor mir lagen.

Der Weg zweigte nun von der Straße aus nach links in ein Waldstück ab. Es ging eine ganze Weile entspannt gerade aus, bevor der nächste Anstieg auf mich wartete und zwar verdammt steil. La Faba lag auf 915 m über NN. Über große Steine und eine Menge Geröll benötigte ich eine gute Stunde bis ich endlich die Iglesia de San Andrés erblickte. Ordentlich durchgeschwitzt (zum zweiten Mal an diesem Tag), meisterte ich auch die letzten Schritte. Wieder musste ich daran denken, wie viel „Spaß" dieser Weg wohl im Regen machen musste. Oder um es im feinsten Ruhrpott Dialekt zu sagen... "ich würde mich hier permanent auf die Fresse legen". Es ging größtenteils über glatte Felsen oder große Steine, die den Weg dann zur reinsten Schlitterpartie werden lassen. Als ich oben ankam, war mein erster Gedanke eine kalte Dusche und der Zweite, dass ich schleunigst aus meinen durchgeschwitzten Klamotten raus muss. In La Faba gab es zwei Herbergen. Die erste war bei meinem Eintreffen gegen 16 Uhr leider bereits voll. Scheisse, daran hatte ich vorher einfach nicht gedacht. Es war einfach schon sehr spät für Pilgerverhältnisse. Der Gedanke einen Ort weitergehen zu müssen, war unvorstellbar, zumal hier oben nicht alle paar km ein Ort kam. Diese Etappe heute hatte mich schlicht total geschafft.

Das Glück blieb mir jedoch treu! In der anderen Herberge gab es noch ausreichend freie Betten. Als ich darauf zulief wurde ich bereits aus der Ferne sehr freundlich und herzlich von Ilona und Roland begrüßt. Die beiden waren ursprünglich aus

Dortmund und arbeiteten jedes Jahr ehrenamtlich für drei Wochen in dieser Herberge. Nach dem Einchecken und einem kurzen Plausch zeigte mir Ilona meinen Schlafplatz und erklärte mir kurz, wo ich alles Nötige finden würde. Nach der längst fälligen Dusche ging ich zurück in das kleine Zentrum und suchte die nächste Bar auf. Ich hatte Hunger, einfach nur Hunger. Na gut und natürlich auch etwas Durst. Ich wurde nicht enttäuscht und bekam sogar noch einen Platz in der Sonne. Nach diesem Trip schmeckten mir das Essen und das kühle Weizenbier gleich doppelt gut. So gefühlt am Arsch der Heide auf über 900 Metern in einem 30 Seelen Dorf. Einfach nur glücklich hier zu sein und die Etappe gemeistert zu haben, genoss ich den restlichen Nachmittag hier, als mir plötzlich einfiel, dass ja "so viel" Nachmittag gar nicht mehr übrig war, es schon langsam dämmerte und ich noch zum Supermarkt musste. Laut Buch würde da nämlich morgen früh erstmal kein Ort kommen, in dem ich etwas einkaufen könnte.

Als auch das erledigt war, ging ich auch direkt zurück zur Herberge. Es war erst kurz vor acht, aber ich war nach dem Tag einfach hundemüde. Im Bett liegend schrieb ich noch ein paar WhatsApp Nachrichten und schlief kurz darauf ein.

Tag 24: La Faba - Triacastela

Mit wolkenverhangenem Himmel startete ich in diesen Tag. Um kurz nach 6 war ich bereits wieder unterwegs. Mittlerweile wurde ich morgens immer vor meinem Wecker wach und fühlte mich trotz aller Strapazen der zurückliegenden drei Wochen topfit und bereit für das nächste Abenteuer. Als ich losging, verhieß der Blick Richtung Himmel jedoch nichts Gutes. Am Horizont, noch etwas entfernt, erhellten immer wieder Blitze die Wolkendecke. Es war das erste Mal in dieser ganzen Zeit, dass das Wetter mir einen Strich durch den kommenden Wandertag machen könnte. Keine so schöne Überraschung am frühen Morgen. Ich wusste nicht so genau mit der Situation umzugehen. Mit Gewitter in den Bergen ist nicht zu spaßen. Hatte auch zugegeben beim Loslaufen ein mulmiges Gefühl im Bauch. Der Weg führte mich immer weiter nach oben auf den Berg und der Wald rundherum verschwand immer mehr. So waren die Blitze noch heller und besser zu erkennen *Ironie aus*. Für einen kurzen Moment wurde es um mich herum immer taghell. Ich hatte zugegeben richtig schiss.

Die ganze Zeit beschäftigte mich der Gedanke in welche Richtung das Gewitter wohl ziehen würde. Gleichzeitig verlangte mir der steile Anstieg zusätzlich alles ab. Mein Puls hatte jetzt schon ordentliche Werte und dann fing es auch noch leicht an zu regnen. Alles zusammen bereitete mir die Situation ziemlichen Stress. Die Lichter, die ich aus der Ferne bereits entdecken konnte, entpuppten sich dann nach knapp einer Stunde Gehzeit als das kleine malerische Bergdorf La Laguna.

Bei freundlichem Wetter bestimmt ein Highlight es zu erreichen. Froh und dankbar hier angekommen zu sein, erreichte ich nassgeschwitzt und voller Anspannung den kleinen Ort.

Mitten im Zentrum gab es ein Café. Hier warteten bereits weitere Pilger darauf losgehen zu können, die tags zuvor hier Halt gemacht hatten und nun überlegten, ob es bei der aktuellen Wetterlage Sinn macht. Jeder daddelte auf seinem Smartphone herum und aktualisierte seine Wetter-App. Alles in allem ein ziemliches Gewusel und Getuschel in dem kleinen Café. Wie gefährlich war es draußen? Führte uns der Weg womöglich in das Gewitter hinein? Sollte ich noch länger hierbleiben und die Situation abwarten? Ich bestellte mir an der Theke einen Kaffee und hielt mich eine gute halbe Stunde in dem Café auf, bis ich, trotz der unklaren Wetterlage ungeduldig wurde und mich entschied weiterzugehen. Laut meiner App zog das Gewitter Richtung Westen, also von mir weg. Mit mir trauten sich auch einige andere Pilger und gingen los. Knapp 20 Minuten später begrüßte mich der Grenzstein der Provinz Lugo. Das wird jetzt keinem was sagen, aber kurz gesagt, ich war in Galizien! Meine Freude hielt sich auf Grund der Situation aber sehr in Grenzen! Ich hoffte weiterhin darauf, dass sich das Gewitter so verhält wie es die App voraussagte.

Eine knappe halbe Stunde später kam ich in das denkmalgeschützte Bergdorf O Cebreiro auf 1300m. Die Blitze waren am Horizont noch deutlich zu erkennen und der Wind pfiff hier oben ganz schön. Auf meinen Poncho verzichtete ich noch, da es immer noch nur fieselte. Und ganz ehrlich, ich hatte auch keinen Bock den jetzt aus dem Rucksack zu kramen. Dieser berühmte Ort hatte es eigentlich verdient, sich länger hier aufzuhalten. Das Wetter ließ dies jedoch wirklich nicht zu und es sah auch nicht so aus, als würde sich dies in kurzer Zeit ändern. So ging ich nach einem kurzen Stopp zügig weiter. Der sonst so tolle Ausblick war grau und total wolkenverhangen. Der Blick in den Wanderführer offerierte mir, dass der Weg bald noch zwei kurze aber heftige Aufstiege für mich parat hatte. Am Alto do San Roque auf 1270 m angekommen, ging ich direkt in das am Wegesrand gelegene Café. Hier gönnte ich mir ein herzhaftes Frühstück mit Eiern und gebratenem Speck. Dazu einen heißen Kaffee.

Nach diesem rauen Start in den Tag, war mir genau nach so einem Frühstück. Als ich so unter dem Vordach des Cafés saß, wurde der Regen zunehmend stärker und ich sah, dass jetzt alle Pilger auf "Regenmodus" umstellten. Die einen nutzen Regenjacke und Regenhose und packten ihren Rucksack unter eine Hülle. Anderen hatten einen großen Poncho dabei, den sie sich jetzt überwarfen. So oder so ist die ganze Prozedur aufwändig und nervig, zumindest in meinen Augen. Man braucht immer ein trockenes Plätzchen, muss den Rucksack absetzen, Sachen raus kramen, umziehen und wieder alles verstauen. Da ist der Poncho im Vergleich sehr schnell übergeworfen. Nachteil ist, man schwitzt darunter wie Sau. Es gab sogar Situationen, in denen ich Leute mit Regenschirm gesehen hatte. So oder so werden die Schuhe mit zunehmender Dauer von innen nass, wenn man nicht an Gamaschen gedacht hatte.

So wie ich, hofften die meisten hier lediglich auf einen kurzen Schauer. Petrus tat uns den Gefallen leider nicht. Es sah nicht so, als würde sich das Wetter schnell bessern. Also warf ich mir nach dem Frühstück meinen Poncho über und ging weiter. Wobei Poncho an der Stelle sehr wohlwollend ausgedrückt war. Ich hatte mir aus dem Kaufhaus zwei Einmal-Ponchos besorgt, die nicht mehr waren als dünne Plastiktüten. Aber diese Teile konnte ich erstens super platzsparend im Rucksack verstauen und hoffte zweitens einfach darauf, dass ich sie nie brauchen würde. Jetzt wurde ich zum ersten Mal auf dem Weg richtig nass. Die hohe Luftfeuchtigkeit führte dazu, dass ich unter dem Ding brutal schnell ins Schwitzen kam.

Nach gut einer Stunde war der Spuk aber auch schon wieder vorbei und die Sonne durchbrach die Wolken mehr und mehr. Zack und der Himmel war wieder stahlblau. Der Poncho hatte sein Dienst bestmöglich getan und verschwand direkt wieder im Rucksack. Jetzt mit dem blauen Himmel und der klaren Sicht konnte ich das atemberaubende Panorama wahrnehmen, welches seitlich vom Weg auftauchte. Ab hier ging es zudem buchstäblich nur noch bergab, was sich einfacher liest als es war. Mein heutiges Tagesziel war nicht mehr weit. Zuvor stoppte ich jedoch noch einmal in Fillobal für ein kühles Bier und erreichte dann gegen zwei Uhr Triacastela. In der Herberge angekommen, war mir an diesem Tag nicht mehr nach Sachen waschen. Gut, dass es hier einen hauseigenen Wäscheservice gab.

Nach der Dusche und Körperpflege, konnte ich die gewaschenen Sachen abholen und im Garten der Herberge aufhängen. In der Mittagssonne werden diese ruck zuck trocknen, dachte ich. Nebenbei bemerkt, war diese Unterkunft ein kleines Schmuckkästchen. Sehr modern und gleichzeitig rustikal mit vielen Metall- und Holzelementen eingerichtet. Das ganze Haus wirkte sehr hochwertig. Der Hunger trieb mich aber bald ins Zentrum des kleinen Bergdorfs (641 EW). Meine Wahl fiel auf das Restaurant Xacobeo. Die Tische standen im Außenbereich entlang der langen Gasse, durch die immer wieder Pilger oder Touristen liefen. Hier gab es eine riesige Auswahl um das Pilgermenü zusammenzustellen. Das Essen hatte eine top Qualität und die Portionen waren üppig. Kurz gesagt, ich war anschließend pappsatt. Bea und Theresia schrieben mir per WhatsApp, dass sie auch bis Triacastela gehen wollten an diesem Tag.

Es war jetzt schon 17 Uhr und die beiden hatten sich telefonisch einen Schlafplatz in meiner Herberge reserviert. Alex aus Neuseeland, die ebenfalls bis hierher gewandert war, gesellte sich derweil zu mir und wir stießen mit Rotwein auf die heutige Etappe an. Durch die Wetterkapriolen und die eigenen Erlebnisse, hatten wir uns heute gegenseitig viel zu erzählen. Während wir uns also gerade angeregt unterhielten, bemerkten wir beide nicht, dass das Wetter umgeschlagen war. Dichte Wolken zogen am Himmel auf und ein plötzlicher Platzregen setzte ein. Gefühlte drei Sekunden später machte es klick in meinem Kopf mir fiel meine Wäsche ein. Die hang sehr wahrscheinlich noch draußen an der Leine. Mit ner kurzen Info an Alex rannte ich im nächsten Augenblick in meinen Flipflops zurück zur Herberge, schnappte mir blitzschnell die Wäsche und brachte sie in den Trockenraum. Was ein Stress so aus dem Nichts. Nachdem ich das geschafft hatte, ließ der Regen auch direkt wieder nach. So ging ich patschnass zurück zum Restaurant.

Alex war in der Zwischenzeit rein gegangen. Sie konnte sich das Grinsen nicht verkneifen als sie mich sah. Einige andere deutsche Pilger setzten sich zu uns an den Tisch. Simon und Dennis aus Hamburg, sowie ein Mädel aus Köln, dessen Namen ich leider vergessen habe. Wir tranken noch etwas gemeinsam und unterhielten uns eine ganze Weile. So verging die Zeit wieder mal viel zu schnell... Mein Blick auf die Uhr verriet mir dann, dass es für mich Zeit wurde, Richtung Bett zu marschieren. So verabschiedete ich mich von allen und machte mich auf.

Tag 25: Triacastela – Barbadelo

Kurz vor sieben verließ ich die Herberge. Ich weiß was ihr jetzt denkt, warum denn bitte so spät?! Naja, ich wurde heute ausnahmsweise mal nicht vor meinem Wecker wach. Die nassen Klamotten waren trotz des heftigen Schauers über Nacht vollständig getrocknet. Sowas klappte je nach Herberge und verfügbarem Trockenraum bei Weitem nicht überall. So verstaute ich alle Sachen wieder schön ordentlich in meinem Rucksack und ging los. Nach Triacastela erwartete mich auch direkt wieder ein knackiger Anstieg. So langsam reichte es mir damit, das muss ich gestehen. Dieses ständige auf und ab, zerrte jetzt nach all den Tagen an meinen Nerven und meiner Laune. So sehr ich mich anfangs sogar darauf freute die Anstiege zu bezwingen, so leid war ich sie jetzt. Mir steckten die vielen Tage und Etappen einfach in den Knochen. Im Buch sah das immer so unspektakulär aus, wenn ich mir das Höhenprofil so anschaute. Aber nach über 24 Tagen waren meine Akkus einfach nicht mehr bei 100%, wenn ich startete.

Dazu kamen auch wieder meine Schmerzen am Schienbein. Belastungsprobe am frühen Morgen also! An einer der nächsten Gabelungen lernte ich Lynn aus Colorado kennen. Wir gingen das nächste Stück gemeinsam, bis wir an einen etwas sonderbaren Ort kamen, an dem ich hängen blieb. So lernten wir uns leider kaum kennen, da sie weiter ging und sich wieder von mir verabschiedete. Durch einen schmalen Spalt zweier großer Holztüren konnte ich einige Sitzmöbel, beschriebene Tafeln und Holzpaletten erkennen. Ich ging ein Stück hinein und war nun mitten auf einem Gelände, auf dem sich, nach erstem Anschein Aussteiger oder ehemalige Pilger niedergelassen hatten, um dort gemeinsam nur mit dem Allernötigsten zu Leben.

Hier gab es weder warmes Wasser noch eine richtige Toilette. In einer Scheune konnte man seiner Kreativität mit Werken oder Malen freien Lauf lassen. Ich entdeckte einen Gemüsegarten, sowie ein paar Hühner, die möglicherweise auf dem Teller landeten oder als Eierlieferant dienten. Der Ort faszinierte mich, ich schaute mich weiter um und blieb eine ganze Weile. Neugierig sprach ich im Vorbeilaufen ein junges Mädel an. Glücklicherweise antwortete sie mir direkt auf Deutsch. Sie war den Jakobsweg vor einem Dreivierteljahr selbst gegangen. Dabei kam sie auch hier vorbei und war dann, nachdem sie Santiago erreicht hatte, hierher zurückgekehrt. Jetzt war sie schon knappe sechs Monate hier. Am nächsten Tag würde sie abreisen um ihre Eltern in Andalusien zu besuchen. Eine andere Pilgerin bot mir frisch gebackenen Kuchen und Kaffee an. Auf dem Tisch vor mir gab es Früchte, Wasser, Kaffee oder kleine Snacks, die man gegen den berühmten Donativo erwerben konnte. Mit Kaffee und Kuchen machte ich es mir auf einer der Holzpaletten „gemütlich" und schaute dem Treiben auf dem Gelände weiter zu. Der Kaffee trieb oder anders gesagt, ich musste mal Pinkeln. Aber wo? Auf
129

Nachfrage wurde mir eine Richtung angezeigt. Nicht ins Gebäude, da es ja kein fließendes Wasser gab. Also ging es in die Natur. Na jetzt war ich gespannt. Mein Glück, dass ich nur ein kleines Geschäft verrichten musste, denn auf dem Weg zum Pissoir kam ich noch an einer Merkwürdigkeit vorbei, aber seht am besten selbst.

Dieses königliche Örtchen konnte ich zum Glück umgehen... Zurück im Hof des Geländes hinterließ ich eine angemessene Donativo auf dem Tischchen und verließ diesen etwas verrückten aber auch besonderen Ort wieder. Er heißt Respira Y Disfruta, für alle die sich das im Netz mal anschauen möchten. Wieder auf dem Weg mit weiteren Auf- und Abstiegen bis ich Calvor erreichte, um eine Pause einzulegen. Zeit, um nach knapp drei Stunden meine Füße von den Schuhen zu befreien und meinem Schienbein eine Erholung zu gönnen. Sarria erreichte ich dann knapp 1 ½ Stunden später. Der Ort wird für viele Pilger als Startpunkt gewählt, um von hier nach Santiago zu gehen da es ab hier nur noch etwas über 100 km sind. Genau diese Strecke ist gleichzeitig die Minimumdistanz, die ein Wanderer zurücklegen muss, um im Pilgerbüro in Santiago die begehrte Compostela (Urkunde) zu erhalten. Vielleicht für den ein oder anderen Einsteiger eine gute Distanz sich mit dem Pilgern vertraut zu machen... Für mich ergab sich da in den nächsten Tagen ein etwas anderes Bild, aber dazu später mehr.

Vom Vorplatz von Sarria war das nächste Restaurant nicht weit. Die Stühle davor luden zu einer weiteren Pause ein. Nach dem ich ein Weizenbier bestellte, lernte ich am Tisch gegenübersitzend, Franz und Hans aus Oberbayern, sowie wenig später Sepp aus Österreich kennen. Ich nehme es an dieser Stelle vorweg, aus dem einen Weizen wurden insgesamt drei. Fast zwei Stunden verbrachten wir vier gemeinsam und so erfuhr ich u.a. warum Franz hier auf dem Weg war. Sein Sohn kam vor einem Jahr bei einem Autounfall ums Leben. Sein bester Freund Hans hat dann einfach irgendwann entschieden ihn mit auf den Jakobsweg zu nehmen. Franz war in dieser Zeit nicht mehr er selbst, ihm wurde der Boden unter den Füßen weggerissen. Sein Lebenssinn war für ihn dahin. Sein Freund Hans handelte einfach in dieser Situation. Auch wenn Franz damals von dieser Idee nicht begeistert war, ist er ihm heute

131

unendlich dankbar dafür. Mir kamen ein paar Tränen, weil ich es unendlich toll fand, wie Hans reagiert hatte und ich andererseits an Micha denken musste.

23 Jahre war es jetzt her, dass mein Bruder seinen tödlichen Autounfall hatte. Ich erzählte ihnen davon. Es ist für mich auch heute immer noch unbegreiflich, dass so etwas geschehen darf. Dass so ein junger Mensch einfach aus dem Leben gerissen wird. Der Sonntagmorgen, als Papa in mein Kinderzimmer kam, ist mir immer noch so präsent. Meine Eltern hatten in der Nacht nach dem Anruf aus dem Krankenhaus nicht mehr geschlafen und mein Vater kam morgens in mein Zimmer, nahm mich in den Arm und sagte was passiert war. Ich war noch gar nicht richtig wach, als er mir sagte, dass Micha tot sei. Er muss selbst völlig überfordert von der Situation gewesen sein. Ich nahm seine Worte zur Kenntnis, hab sie aber in dem Moment überhaupt nicht verstanden. Ein paar Tage zuvor waren wir beide doch noch gemeinsam unterwegs.

Ich war wie gelähmt und ein Teil von mir hat es auch nicht geglaubt. Völlig unwirklich, saßen wir dann einige Stunden später im Wohnzimmer zusammen mit der Bestatterin und Mama bat mich unter Tränen, doch etwas auszusuchen, dass Micha tragen wird. Sie wollten es nicht allein entscheiden. Ich wusste überhaupt nicht was ich da tue. Was soll ich jetzt hier aussuchen? Das ist doch gerade nur ein schlechter Film und Micha würde später wie immer mit seiner "großen Fresse" den Raum betreten und alles wäre gut. Ich wollte einfach nur raus aus der Situation. Ich konnte kaum noch atmen. Irgendwie haben wir uns dann natürlich für etwas entschieden. Ich weiß es heute nicht mehr genau.

Ob ich das was damals passiert ist akzeptiert habe? Nein, einfach nein. Ich lebe damit und hab gelernt damit zu leben. Meinen Eltern hat es das Herz rausgerissen. Für mich ein unvorstellbares Gefühl, wenn man seinen Sohn beerdigen muss. Nichts war ab diesem Tag für uns wie vorher. Und dann mussten wir das noch irgendwie Andy verklickern, meinem anderen Bruder, der zu dem Zeitpunkt zwei Jahre jünger als Micha war und sich seit acht Jahren in psychiatrischer Behandlung befand. Andy hatte immer zu Micha aufgesehen. So chaotisch er auch war, hat er sein Leben auf seine Art gemeistert. Andy war eher in sich gekehrt und ist allem Ärger und Stress immer aus dem Weg gegangen. Für Andy ist ein wichtiger Halt in seinem Leben einfach weggebrochen. Heute bin ich noch fest davon überzeugt, dass gerade Mama, das nie überwinden konnte und dieser Verlust meinen Eltern insgesamt viele Lebenspunkte gekostet hat. Ich bin so wahnsinnig stolz auf beide! Wie sie das alles gemeistert hatten mit uns drei Jungs. Papa hat so gut wie jede Doppelschicht mitgenommen, um das nötige Geld ins Haus zu bringen. Sie haben mir, trotz unserer nicht immer einfachen Situation alles Wichtige im Leben vermittelt und beigebracht! Werte wie Vertrauen, Verlässlichkeit und Zusammenhalt und dass es im Leben nicht immer den einfachen Weg gibt! Sie haben sich manchmal gestritten wie die Kesselflicker. Auch wenn sie dachten ich würde es nicht mitbekommen. Aber sie waren immer ehrlich zueinander und haben diese Situationen gemeinsam durchgestanden! Danke für alles... ich liebe euch!

Wie oft mir noch heute Situationen einfallen, die Micha so treffend beschreiben. Ein Stehaufmännchen vor dem Herrn, der bei so gut wie jeder Scheiße "hier" geschrien hat. Meistens spontan und ohne viel Nachdenken handelte. Das betraf sowohl den nächsten Klamottenkauf als auch mal eine Heirat. Bei der die Frau mit zwei, ich darf es heute sagen Rotzblagen daherkam und sich ihr Ex währenddessen im Knast befand. Stilsicher aus seiner Sicht, war Micha jedoch beim Haarschnitt. Für alle, die sich heute noch an den jungen Andre Agassi erinnern können. Der buschige Vokuhila, mit dem mein Bruder dann bei meinen Eltern erschien, trieb sie regelmäßig, besonders Papa in den Wahnsinn. Arbeit? Ja klar! Aber bitte nicht jeden Tag.

So verlor er schonmal schnell das Interesse vom einen auf den anderen Tag oder nahm es mit der Regelmäßigkeit nicht so ernst. Bei allem was er sonst tat und möglicherweise schieflief, schüttelte er sich dreimal und machte einfach weiter. Sehr beneidenswert und das meine ich ohne Ironie!! Geld was er noch nicht besaß, hatte er schon längst ausgegeben. Seine hitzigen Diskussionen mit Papa klingeln mir heute noch in den Ohren. Da wir altersmäßig neun Jahre auseinander waren, hatten wir quasi erst kurz vor seinem überraschenden Tod ein richtig gutes Verhältnis zueinander. Ich war 17 Jahre jung als er starb und als Bengel existierte ich vorher nicht wirklich in seinem Universum. Naja, ganz unbeteiligt war ich an meiner damaligen Unbeliebtheit nicht, wenn ich daran denke, dass ich Micha und Andy, regelmäßig verpetzt hab, wenn die zwei z.B. heimlich geraucht hatten. Die waren aber auch selbst schuld

Ironie. Warum nahmen sie mich auch nie mit, wenn die sich mit gleichaltrigen trafen.

Als ich erwachsener wurde, bekamen wir zwei einen ganz anderen Draht zueinander. Leider war uns hier nur eine sehr kurze gemeinsame Zeit gegönnt. Von einem auf den anderen Tag war er nicht mehr da. Ich habe trotzdem viel von ihm und seiner Art behalten und aus dem was passiert ist viel für mich gelernt. Die vorher so fröhliche und ausgelassene Stimmung in Sarria wechselte zwischenzeitlich in Betroffenheit und Mitgefühl. Aber auch gerade das war das Tolle auf dem diesem Weg. Wildfremde Menschen nehmen Anteil und haben ein offenes Ohr... Das Mitgefühl war quasi greifbar! Wir erhoben gemeinsam unsere Gläser, waren in Gedanken bei unseren Liebsten und stießen auf sie an.

Da ich meine Etappe nicht in Sarria beenden wollte, wurde es aber langsam Zeit sich wieder auf den Weg zu machen. Franz und Hans hatten sich hier für die Nacht bereits einquartiert. Sepp wollte ebenfalls noch weiter. Wenn wir heute noch irgendwo pennen wollten, müssten wir jetzt wirklich los. Unter allen Umständen wollte ich es vermeiden in Sarria zu bleiben, auch wenn mir die gemeinsame Zeit mit den Jungs, gerade verdammt guttat. Ich hatte zuvor viel über den "Sturm der Massen" gelesen, der ab hier Richtung Santiago aufbrach. Ich war nicht scharf drauf das morgen früh zu erleben... Da Sepp sehr gut spanisch konnte, griff er kurzerhand zum Telefon und reservierte, soweit ich das verstehen konnte, in einer kleinen Pension in Barbadelo ein Zimmer für uns. Das bedeutete ab hier noch eine gute Stunde Fußweg. Sepp schaffte es uns ein

Zimmer mit zwei Einzelbetten zu buchen. Ohne mir weitere Gedanken über Sepp zu machen, stimmte ich dem zu und wir zogen los. So hieß es jetzt, Schuhe an, Rucksack auf und los. Nach den drei Bierchen kein einfaches Unterfangen und die Mittagshitze tat ihr Übriges dazu.

So abgelenkt spürte ich jedoch meine Schmerzen nicht! Eine gute Stunde später erreichten wir Barbadelo und die Casa de Carmen. Ein uriges altes Häuschen mit nur wenigen Zimmern. Nach dem Einchecken und einrichten, nahmen wir eine Dusche und trafen uns im Garten der Anlage wieder, um den restlichen Nachmittag ausklingen zu lassen. Mit Sepp teilte ich mir noch eine Flasche Rotwein, bevor sich auch noch andere Pilger zum Abendessen in der Herberge einfanden. Uns standen zwei Menüs zur Auswahl. Nach einem richtig guten Essen und ein paar zwanglosen Unterhaltungen zog es mich dann aber ins Bett. Sepp würde morgen ausschlafen und blieb daher noch etwas länger bei Tisch.

Tag 26: Barbadelo – Airexe

Heute wurde ich wieder um die gewohnt frühe Zeit wach und packte gegen 06.20 Uhr mit dem Handylicht leise meine Sachen zusammen, um aus dem Zimmer zu schleichen. Der alte Holzboden knarzte bei jedem meiner Schritte. Ich hoffte, dass ich Sepp dadurch nicht wecken würde. Sein Schlaf war anscheinend noch tief genug. Ich ließ meine Sachen alle im Flur liegen, ging ins Bad und putzte mir die Zähne. Noch kurz frisch machen und umziehen. Wenige Minuten später war ich auch schon startklar. Sepp´s Etappe wird heute nicht ganz so lang sein wie meine. Als ich die Holztür des Hauses von außen schloss, entdeckte ich dichten Nebel. Mit eingeschaltetem Licht ging es auf den Weg. Der Camino zog sich anfangs durch kleine, malerische Siedlungen. Weiter im Wechsel von Feldern, Weiden und Dörfern. Der Tag erwachte so langsam. Die Täler, auf die ich blicken wollte, waren alle noch wolkenverhangen. Um kurz nach 8 Uhr passierte ich dann den berühmten Weg Stein km 100.

Seitdem ich in Galizien war, zierten diese Art von Wegsteinen den Camino. Auf ihnen waren die noch verbleibenden Kilometer bis Santiago angegeben. Ich blieb stehen und konnte es fast nicht glauben, dass es ab hier nur noch drei oder vier Tage wären, bis ich die Kathedrale erreichen würde. Nach meiner ersten Etappe damals dachte ich noch, super Stephan, 25 km sind heute geschafft, 25 von knapp 800. Und jetzt war es wirklich nicht mehr weit. Mich überkam Freude und Traurigkeit zugleich, da das Ende nun fast greifbar war. Nach knapp drei Stunden Gehzeit gönnte ich mir eine erste Pause und eine weitere zwei Stunden danach. 18 km hatte ich bisher hinter mir gelassen. Jetzt war ich kurz vor Portomarin, einst einer der blühendsten und reichsten Orte Galiziens, bevor das Dorf im Wasser verschwand. Das heutige Portomarin ist ein Produkt aus den 60er-Jahren des 20. Jahrhunderts. Es wurde oberhalb des Flusses, der heute im Vergleich zu früher nur noch sehr wenig Wasser führt, ganz neu aufgebaut.

Da es bereits kurz vor Mittag war, reservierte ich mir sicherheitshalber ein Zimmer in Airexe. Dieser Mini-Ort verfügte nur über eine Pension und eine Herberge. Ja, ihr habt richtig gelesen! Ein eigenes Zimmer! Nach den vielen Nächten in den zahllosen Herbergen, (den gestrigen Tag einmal ausgenommen), hatte ich genau darauf jetzt Bock. Auf dem Weg zum Etappenziel wollte ich nicht hoffen und bangen, ein Bett zu bekommen. In den meisten Orten oder Städten war dies nie ein Problem, aber hier wollte ich einfach sicher gehen. Bei meinem zweiten Stopp traf ich Justyna aus Frankreich und Leo aus Aachen, welcher nicht zu übersehen, Gladbach Fan war. Er trug eine Jacke mit dem Vereinslogo drauf. Wir unterhielten uns über die Rivalität zwischen unseren beiden Vereinen, nahmen das Ganze aber auch nicht so bierernst.

Ich erfuhr von ihm, dass er zum zweiten Mal auf dem Jakobsweg war. Letztes Jahr schaffte er es in drei Wochen von Saint-Jean-Pied-de-Port bis Sahagún. Dieses Jahr wollte er den Weg bis Santiago vollenden. Nach dem kurzen Smalltalk zog ich weiter. Es war ja noch ein gutes Stück bis Airexe. Jeden Tag spürte ich die Schmerzen unter meinen Füßen, immer wenn ich eine gewisse Strecke hinter mich gebracht hatte. Der Wille weiterzugehen, trieb mich aber immer wieder an. Nach den heutigen 35,1 km erreichte ich mein Etappenziel (25 Einwohner laut Reiseführer). Die Pension war nicht zu übersehen, da diese direkt an der einzigen Straße lag, die durch dieses kleine Kaff führte. Ich freute mich einfach endlich wieder ein Zimmer nur für mich zu haben. Ohne Rücksicht nehmen zu müssen. Schlicht den Rucksack in die Ecke knallen und sich frei bewegen zu können. Die Dusche war zwar auf dem Flur, aber da hier so wie es aussah niemand einkehrt war, hatte ich keinen Stress und konnte mir alle Zeit der Welt lassen. Nachdem ich meine Klamotten per Hand gewaschen hatte, ging ich in den Außenbereich der kleinen Bar gegenüber.

Hatte heute Bock auf einen Burger, nachdem ich die Speisekarte studiert hatte. Na klar, auch auf ein Bier. Christian, der Kroate, den ich bestimmt vor zwei Wochen kennengelernt hatte, gesellte sich zu mir. Wir stießen gemeinsam an und unterhielten uns über unsere Erfahrungen der vergangenen Zeit. Auch so ein Ding auf dem Camino. Wir hatten uns in der ganzen Zeit nicht einmal auf dem Weg wieder getroffen und dann hier in diesem Kaff. Uns entging nicht, dass schräg gegenüber von uns zwei attraktive Mädels saßen. Wir kamen ins Gespräch und lernten so Hanna aus Stuttgart und Marlene aus Berlin kennen. Nach kurzem Smalltalk setzten wir uns zu ihnen. Marlene zückte mit einem Mal eine Gitarre, die sie in León für 30 Euro erworben hatte und fing an darauf zu spielen und zu singen. Man, sie hatte eine verdammt tolle Stimme. Nach den "The Cranberries" stimmte sie plötzlich "Halleluja" an. Spontan griff ich zum Handy und nahm ein Video auf. Sie hatte nichts dagegen.

OMG dachte ich einfach nur. Während sie spielte, bekam ich am ganzen Körper eine Gänsehaut und mir liefen die Tränen. Was Marlene natürlich wissen konnte war, dass das Mamas Lieblingslied war. Das Lied, was wir noch vor vier Jahren auf ihrer Beerdigung gehört hatten. Scheisse und das Ganze jetzt hier auf dem Jakobsweg in Airexe, gespielt von Marlene aus Berlin. Spätestens jetzt wusste ich, dass Mama bei mir war. Nach den gestrigen sehr emotionalen Momenten in Sarria, folgte heute direkt der Nächste. Ich ließ es einfach zu, lauschte ihrer Stimme und war mit den Gedanken bei Mama.

Nach diesen für mich sehr emotionalen fünf Minuten, bedankte ich mich einfach etwas verheult bei ihr. Genau das ist es auch was auf dem Weg auch jeder akzeptiert. Seinen Gefühlen freien Lauf lassen. Sich nicht dafür rechtfertigen zu müssen, Schwäche zu zeigen. Oder war es nicht sogar Stärke? Das Abendessen nahm ich mit Christian in Bar ein, da es so langsam etwas kalt wurde. Die beiden Mädels zogen sich kurze Zeit später in ihre Herberge zurück. Nach einem leckeren Essen und dem tollen Abend verabschiedete ich mich gegen 21 Uhr von Christian und suchte meine "Residenz" für die Nacht auf.

Tag 27: Airexe – Boente

Ich hatte geschlafen wie ein Stein in meinem Bettchen. Ohne Ohropax, niemand mit dem ich das Stockbett teilen musste und es in der Nacht plötzlich zu wackeln anfing. Den Rucksack nicht abends zuvor präpariert, damit ich morgens möglichst ungestört den Schlafsaal verlassen konnte. Nein, es ging alles herrlich entspannt und in völligster Ruhe von statten. Niemand den ich wachmachte, sollte mir aus Versehen etwas aus der Hand fallen oder sonst irgendwie Lärm verursachen. Gerade jetzt wusste ich diesen kleinen Luxus verdammt zu schätzen!

Wieder Nebel an diesem Morgen. Mir fielen die ersten Schritte morgens nun immer schwerer von Tag zu Tag. Ja, ich spürte sogar Muskelkater in den Oberschenkeln und Waden. So musste ich mich immer erst "warmlaufen". Der Weg führte mich durch viele kleine und kleinste Ortschaften. Nach drei Stunden dann mein erster Kaffee Stopp und Zeit die Füße kurz hochzulegen. Melide, das geografische Zentrum Galiziens erreichte ich gegen Mittag. In der 7500 Einwohner zählenden Stadt herrschte trotz des Sonntags eine Menge Action. Der Grund hierfür war schnell ausgemacht, es war Markt. Dieser erstreckte sich über einen sehr großen Platz mitten in der Stadt. Ich ließ Melide nach kurzer Zeit hinter mir, da mein Tagesziel

141

nicht mehr allzu weit entfernt war. Ich hatte mir wieder einen sehr kleinen Ort zur Übernachtung ausgesucht. Boente, mit seinen gerade einmal 20 Einwohnern überraschte mich mit einer nigelnagelneuen "Deutschen Herberge" am Wegesrand. Hier checkte ich ein. Meine Klamotten überließ ich abermals dem Wäscheservice. Schnell unter die Dusche gesprungen und dann war es Zeit für die Fußpflege.

Nach dem gestrigen Luxus meines Einzelzimmers, war auch das wieder eine sehr tolle Unterkunft! Im Garten war ein kleiner Pool, der sich jedoch eher für ein ausgiebiges Fußbad eignete, da das Wasser nur knapp 50 cm tief war. Ein sehr idyllischer und ruhiger Ort abseits des Massenstroms, den der Weg auf den letzten 100 km oft mit sich brachte, wenn man die im Reiseführer vorgeschlagenen Etappen einhielt. Ich hatte es ja bereits erwähnt. Der Camino war jetzt nicht mehr wirklich schön zu laufen. Ich geriet regelmäßig in Massen von Menschen, die wie an einer Schnur gezogen in Richtung Santiago unterwegs waren. Auf Unterhaltungen hatte ich so gut wie keine Lust mehr. Das Treiben erinnerte mich eher an volle Einkaufsstraßen in der Vorweihnachtszeit. Das "Buen Camino" verkniff ich mir auch meistens, da ich dies ständig hätte sagen müssen. Also machte ich es mir einfach und stopfte mir die Kopfhörer ins Ohr. So toll und ergreifend der Weg an so vielen Stellen war, so kommerziell kam es mir hier vor. Die Bars und Cafés am Wegesrand waren überfüllt. Es war laut und man hatte ganz selten Zeit für sich auf diesen Abschnitten.

Zurück zu meiner Herberge. An diese war wie so oft ein Restaurant angeschlossen. Ich bestellte mir einen Salat mit

Nudeln, sowie zum zweiten Mal auf meiner Reise, ein Weizenbier. Diese Kleinigkeiten machten es für mich immer aus. Wie zufrieden, glücklich und dankbar ich jedes Mal war, wenn ich mit Essen und einem kühlen Getränk den Tag ausklingen ließ. Den weiteren Nachmittag erlebte ich total entspannt, teils in der Sonne, teils im Schatten. Nur wenige Pilger kehrten hier im Tagesverlauf noch ein und ich unterhielt mich auch so gut wie gar nicht. Vor dem Einbruch der Dunkelheit nahm ich noch meine Wäsche ab und ging in den kleinen Schlafsaal. Hatte mein Bett bewusst in der Ecke gewählt. Als ich das Zimmer betrat, fuchtelte ein nervös wirkender Schwabe an den Bewegungsmeldern im Zimmer rum. Er quatschte mich direkt an, wie doof die Architekten denn sein mussten, dass durch die Bewegungsmelder an der Wand, auch nachts das Oberlicht im Raum eingeschaltet würde. Also klebte er kurzerhand alles mit seinem Tape Band ab.

Nach kurzer Einschätzung der Situation mit meinem Laienwissen reagierte ich leicht genervt und verklickerte ihm, dass es sich bei den wie er glaubte Bewegungsmeldern an der Wand, es sich um das reine Nachtlicht handelte, welches im Dunkeln grün schimmerte. Die tatsächlichen Bewegungsmelder wären im Flur und Bad an der Decke montiert. Er guckte mich nur wie ein Auto an und sagte: "Ach so". Tatsächlich genervt von dem Typ ging ich ins Bett.

Tag 28: Boente - Santiago de Compostela

Meine Uhr weckte mich zuverlässig um 6 Uhr und schon 20 Minuten später war ich fast startklar. Der Schwabe von gestern Abend war anscheinend noch vor mir los, zumindest sah sein Bett verlassen aus. Ein Glück, dachte ich. So nahm ich meinen Rucksack und ging ins Erdgeschoss des Gebäudes um mir die Schuhe anzuziehen. Genau da passierte es, der Typ war gerade dabei sich fertig zu machen, mit seiner Kopfleuchte und den Gehstöckern. So ein Scheiss, dachte ich und machte so richtig auf Zeitspiel. Mit dem Experten hatte ich weder Lust ein Wort zu wechseln oder noch schlimmer, die Herberge zu verlassen. Als er sich dann auf den Weg machte, erkannte ich kurze Zeit später nur noch das Schimmern der Kopfleuchte in weiter Ferne, die vor ihm nach links und rechts wackelte... Gott sei Dank.

Knapp eine ¾ Stunde später, kurz hinter dem kleinen Ort Castañeda traf ich noch im Dunkeln auf eine deutsche Familie. Mit dem 20jährigen Sohn Jonas unterhielt ich mich eine ganze Weile. Wir waren etwas schneller unterwegs und so den anderen immer ein Stück voraus. Er erzählte mir, dass seine Mutter diese Reise schon länger machen wollte und von langer Hand aus geplant hatte. Er und seine Schwester fanden die Idee erst nicht so toll, mussten aber jetzt zugeben, dass es ihnen hier sehr gut gefiel.

Am morgigen Dienstag feiert sie ihren 50. Geburtstag und das wollte sie gemeinsam mit ihrer Familie in Santiago tun. Was für eine coole Idee, dachte ich! Sie war wie ich in SJPDP gestartet und ihre Kinder Jonas und seine Schwester kamen in Sarria dazu... (Ja genau in dem Ort, wo auch alle, wie ich sie nannte, Touristenpilger starteten:-) Diese Wanderung hatte jedoch einen ganz anderen Hintergrund und ich fand es einfach großartig. Jonas wohnte in Darmstadt und arbeitete bei der Werksfeuerwehr einer großen Chemiefirma. Beim Thema Fußball musste er passen, seine Leidenschaft gehörte dem American Football, wo wiederum ich überhaupt keinen Plan von hatte. Da wir durch das Quatschen seiner Mutter und seiner Schwester etwas enteilt waren, stoppte er nach einiger Zeit um auf beide zu warten. Ich verabschiedete mich von Jonas, wünschte allen einen tollen Tag in Santiago und bedankte mich für den kurzen Einblick in sein Leben.

Wieder knapp eine ¾ Stunde später gönnte ich mir eine erste Kaffeepause, um darüber Gedanken zu machen, wo meine heutige Etappe denn enden sollte, bevor ich morgen Vormittag in Santiago ankommen würde. Ab Boente waren es immerhin noch gute 50 km bis zur Kathedrale. Fürs erste ging ich weiter und machte gute drei Stunden später einen weiteren Stopp. Auch etwas genötigt durch die Schmerzen, die sich mal wieder bemerkbar machten. Während der Pause erreichte mich eine WhatsApp von Bea und Theresia. Die beiden schrieben mir, dass sie in Santiago angekommen waren. Es war jetzt ca. 14 Uhr und vor mir lagen noch über 15 km bis dorthin. Was umgerechnet mindestens noch drei Stunden bedeuten würde.

Nach kurzem Nachdenken, packte mich aber trotzdem der Ehrgeiz. Ich rief in dem Hostel an, indem die beiden sich einquartiert hatten. Mit den Gedanken an dem noch vor mir liegenden Weg, war ich anscheinend so abgelenkt, dass ich nach meiner Pause vom Weg abkam. Ne andere Erklärung habe ich gerade nicht. So bemerkte erst viel zu spät, dass es überhaupt keine Hinweise mehr auf einen gelben Pfeil, eine Jakobsmuschel oder andere Pilger gab. Ich stoppte, zückte mein Telefon und warf einen Blick auf die Karte. Mmhhh, ich war zu dem Zeitpunkt bereits am Fahrbahnrand einer viel befahrenen Straße und schon zu weit weg vom Camino um nochmal zurück zu gehen.

Also biss ich in den sauren Apfel und ging weiter an der Bundesstraße entlang. Mit keinem guten Bauchgefühl, da die Autofahrer hier nicht an Pilger am Fahrbahnrand gewöhnt waren und es natürlich auch keine Hinweisschilder auf selbige gab. Überall sonst auf dem Camino waren gut sichtbare Hinweise an allen Straßenquerungen angebracht. So hielt ich mich so weit wie möglich weg von der Fahrbahn, also eigentlich schon mehr auf der Wiese. Aber mir war mein Leben lieb und hier rauschten auch die LKW mit einem Affentempo an mir vorbei. Eine ganze Stunde schlug ich mich, so schnell ich konnte nach den km die ich schon in den Knochen hatte, hier durch. Total erleichtert sah ich dann ein Café vor mir, ließ meinen Rucksack auf den Boden plumpsen und brauchte eine Pause. Total fertig von den letzten km und dem Stress der die Situation in mir verursachte. Rein ins Café und wieder raus mit einem kalten Estrella Damm in der Hand setzte ich mich in den Schatten und legte die Beine hoch. Erstmal durchatmen und einen großen Schluck aus der Flasche. Während der Pause realisierte ich, dass ich tatsächlich von hier aus nur noch 5 km bis Santiago vor mir hatte.

Auf geht's Stephan, dachte ich nach ein paar Minuten! Mein Körper tat mir nach dem Aufstehen gefühlt an allen Stellen weh. Jetzt war es aber nur noch eine Stunde bis zur Kathedrale. Der Reiseführer schlägt den Pilgern vor, in Monte de Gozo, dem Ort wo ich mich gerade befand, Halt zu machen, um am nächsten Morgen nach Santiago einzulaufen. Für mich kam das jetzt so kurz vor dem Ziel nicht mehr in Frage. Zumal ich mich drauf freute, den Abend mit Bea und Theresia verbringen zu können. Wir hatten uns eine ganze Weile nicht gesehen. Die letzten km waren noch einmal heftig, weil mir einfach alles weh tat. Lächeln ging gerade nicht mehr. Am Stadtrand von Santiago angekommen, konnte ich bereits die beiden Spitzen der Kathedrale erkennen. Ab jetzt hieß es „nur" noch Zähne zusammenbeißen, um die letzten paar hundert Meter durch die Stadt zu meistern. Um 17:30 Uhr durchschritt ich den Torbogen neben der Kathedrale. Vorbei am Vorplatz, an dem sich alle Pilger in den Armen lagen und ihre Ankunft feierten. Ich konnte buchstäblich nicht mehr und nach feiern war mir auch nicht. Diese Etappe hatte mich völlig zerstört. Nach 11 Stunden und unfassbaren 49,7 km stand ich vor dem Hostel. So viel war ich nie wie ich zuvor an einem Tag gelaufen. Eine reine Willensleistung am Ende. Mein Körper fühlte sich an wie ein ausgewrungener Schwamm.

Das Hostel lag nur einen Steinwurf von der Kathedrale entfernt in einer Nebenstraße. Jetzt einfach nur noch aus diesen Sachen raus und duschen! Es ging alles ziemlich langsam von statten. Gegenüber des Hostels befand sich ein kleines Restaurant wo ich mich nach meinen Waschungen, ohne zu übertreiben, gerade so hinschleppte. Im Außenbereich gab es noch einige frei Plätze. Bea und Theresia schrieben mir, dass sie auf dem Weg zu mir waren. Ich freute mich total die beiden wiederzusehen. Wir fielen uns in die Arme und stießen gemeinsam auf unseren Erfolg, es tatsächlich bis nach Santiago geschafft zu haben, an.

Von Minute zu Minute spürte ich meine Muskeln, auch an Stellen wo ich es nicht vermutete. Kein Gedanke daran, mich auch nur noch einen Meter bewegen zu wollen. Gerade als ich das zu Ende dachte, warfen die beiden die glorreiche Idee in die Runde, noch heute ins Pilgerbüro zu gehen, damit wir unsere Compostela in Empfang nehmen könnten. Morgen Vormittag wird dort bestimmt wegen der vielen ankommenden Pilger die Hölle los sein. Mir fiel in diesem Moment fast alles aus dem Gesicht. Aber nach kurzem Nachdenken, musste ich zugeben, die beiden hatten Recht. Im Schneckentempo ging es ins Pilgerbüro. Die Schlange dort war zum Glück sehr überschaubar an diesem Montagabend. Wir mussten nur eine knappe halbe Stunde warten, bis wir unsere voll gestempelten Pilgerpässe vorlegen konnten, um dann endlich das lang ersehnte Schriftstück in unseren Händen zu halten.

Es kann auch mal gut vorkommen, dass man hier mal zwei Stunden anstehen und warten musste. Behördenromantik halt. So gingen wir jetzt voller Stolz und Freude zurück in das kleine Restaurant und ließen den Abend gemeinsam ausklingen. Gegen 22 Uhr landete ich kaputt wie Hund in meinem Bett. Santiago war nach sage und schreibe 28 Tagen erreicht, obwohl es nie mein Plan war in einer bestimmten Zeit hier anzukommen. Der Weg hatte mich immer wieder angezogen, wie ein Magnet, egal wie ich mich tagsüber gefühlt hatte. Am nächsten Morgen gab es für mich immer nur diesen einen Gedanken, weitergehen. Ich konnte der Stadt und der Kathedrale heute nicht die nötige Aufmerksamkeit schenken, dafür war ich einfach zu k.o.

Morgen werden wir versuchen einen Platz für die anstehende Pilgermesse um 12:00 Uhr zu ergattern!

Außerdem hatte ich mich in den letzten Tagen dazu entschieden, meinen Weg noch bis ans Meer fortzusetzen...

Santiago de Compostela

Nach dem sehr brachialen Marsch von gestern, hatte ich geschlafen wie ein Stein. Zum Glück war heute für Pilgerverhältnisse Ausschlafen angesagt. Erst um kurz nach acht hievte ich meinen Kadaver aus dem Bett. Was für ein Luxus! Ich war mit Bea und Theresia zum Frühstück verabredet. Wir drei trafen uns im Eingangsbereich des Hostels und zogen in Richtung Kathedrale. Als wir auf dem Vorplatz ankamen, sahen wir wie ein Pilger nach dem anderen ihre Ziele erreicht hatten und sich dort in die Arme fielen und einfach glücklich waren in diesem Moment!

Jetzt war doch auch mal die Zeit für ein Foto vor der Kathedrale gekommen...

Nach der kleinen Fotosession saßen wir drei um kurz nach zehn in einem süßen Café etwas abseits des Mainstreams. So gegen 11 Uhr wollten wir wieder in der Kathedrale sein, da die Messe um 12 Uhr begann und es garantiert rappelvoll werden würde. Nach einem leckeren Frühstück in entspannter, nicht hektischer Atmosphäre ohne jeglichen Pilgerstress, suchten wir uns einen Platz in der riesigen Kirche. Immer mehr Pilger und Gläubige füllten die Bänke vor und hinter uns. Um Punkt 12 Uhr begann die Messe. Es gab jetzt keine freien Plätze mehr. Die Messe wurde natürlich in Spanisch gehalten. Einige wenige Wortfetzen konnte ich so gerade verstehen. An einer bestimmten Stelle erwähnte der Pastor die Nationen, aus denen die Pilger Santiago am Vortag erreicht hatten. Zum Ende der Messe fand das vorher vermutete Ritual statt, von dem es hieß, dass es nur vollzogen wird, wenn im Vorfeld Spenden in Höhe von 300 Euro zusammenkommen, damit die Männer bezahlt werden, die per Seilzug einen riesigen Weihrauchkübel in die Höhe hieven, sodass dieser quer durch die vorderen beiden Seitenschiffe der Kirche geschwenkt werden kann. Früher diente dies dazu den strengen Körpergeruch der Pilger im Kirchenhaus erträglicher zu machen. Heute war es einfach ein Spektakel!

Nach diesem beeindruckenden Erlebnis und der abgehaltenen Messe gingen wir bei bestem Wetter zurück auf den Vorplatz der Kathedrale. Franz aus Regensburg, den Bea und Theresia kennengelernt hatten, gesellte sich zu uns. Wir fanden ein schönes, wenn auch etwas teures Restaurant um gemeinsam Mittag zu essen. Ich reservierte mir telefonisch noch eine weitere Nacht im Hostel und besorgte mir am Automaten frisches Bargeld. Bea und Theresia bummelten durch die Stadt. Heute wollten wir uns alle einfach nur erholen. Da ich keine Lust auf Bummeln oder viel Bewegung hatte, deckte ich mich im nächsten Supermarkt mit ein paar Getränken ein und ging in den nahegelegenen Park. Herrlich war sie diese Ruhe! Mit dem Stift in der Hand saß ich auf einer Holzbank und schrieb meine Gedanken, Erinnerungen und Ereignisse dieses Tages auf.

Kurz vor der Dämmerung zog es mich so langsam zum Hostel zurück. Was ich jetzt erst entdeckte war, dass sich hinten raus ein wunderschöner kleiner Garten befand. Bea trudelte kurz darauf auch ein, blieb aber nicht sehr lange, da sie wieder mit Theresia verabredet war. Sie wird morgen früh in den Bus nach Muxia einsteigen. So trennten sich unsere Wege ab hier, was mich schon etwas traurig stimmte. Wir hatten eine tolle gemeinsame Zeit auf dem Camino. Nach einer festen Umarmung verabschiedeten wir uns voneinander. Von Muxia aus wird sie dann noch bis Finisterre laufen. Auch wenn ich plane nach bis nach Finisterre zu laufen, so ist es doch eher unwahrscheinlich, dass wir uns nochmal über den Weg laufen. Ich war allein und schaute der Sonne beim Untergehen zu. Spät ins Bett ging ich nicht, morgen wartete wieder ein Pilgertag auf mich!

Tag 29: Santiago – Vilaserio

Nachdem ich gestern ausschlafen konnte, ging es heute Morgen wieder gewohnt früh los. Schon um halb 7 ließ ich das Hostel hinter mir. Gerade auf den ersten Kilometern musste ich noch an den gestrigen Tag denken. Wie schön es war, dass wir das gemeinsam erlebt hatten und auch gleichzeitig die Traurigkeit, die ich spürte, als ich mich von Bea verabschieden musste. Kurz nachdem ich diesmal ohne Orientierungsprobleme aus der Stadt herausfand, ging es wieder mal leicht bergauf. Oben angekommen drehte ich mich um und warf noch einen letzten Blick auf Santiago und die angeleuchtete Kathedrale. Für ein taugliches Handyfoto war ich jedoch schon zu weit entfernt. Ein paar Meter weiter stand am Wegesrand ein Korb. Hier konnten sich Pilger mit frischen Feigen aus eigenem Anbau versorgen. Selbstredend auf Vertrauensbasis gegen eine kleine Spende. Mich faszinierten diese kleinen Aufmerksamkeiten auf dem gesamten Weg und Feigen hatte ich bisher noch nicht gegessen.

So hinterließ ich eine kleine Donativo und griff zu. Weiter ging es durch ein paar schöne Waldpassagen. Es war noch ziemlich kalt in den ersten Stunden. In der Nacht hatte der Himmel aufgeklart und auch am Morgen war noch keine einzige Wolke zu entdecken. Es ging weiter durch ein paar kleinere Orte. Die Bauernhöfe schien ich mittlerweile hinter mir gelassen zu haben. So sehr ich es doch anfangs genossen hatte, daran vorbeizukommen, so sehr ekelte es mich mittlerweile an, den säuerlichen Duft des gegärten Heus in den Ballen in der Nase zu haben. Ja ich dachte zwischenzeitlich wirklich, dass ich mich übergeben müsste, so penetrant war das. Nur zur Erklärung, seitdem ich in Galizien war, ging ich täglich an mehreren dieser Höfe vorbei.

In den kleinen Ortschaften erwartete mich vor vielen Häusern und eigentlich an jedem Bauernhof ein Hund. Manche waren angeleint, manche liefen frei dort herum. Die allermeisten waren super lieb, dösten vor sich hin und kümmerten sich schon lange nicht mehr um vorbeiziehende Pilger. Für sie war es ein gewohnter Anblick. Leider hatten nicht alle Hunde ein so entspanntes Leben und waren angekettet oder eingezäunt. Eines Morgens stand ich wie angewurzelt an einer Mauer, als wie aus dem Nichts mehrere Hunde auf der anderen Seite laut anfingen zu bellen. Meine Schritte hatten mich verraten. Es war noch dunkel und komplett ruhig um mich herum. Ein Schauer durchzog meinen Körper. Nach dem ersten Schock ging ich langsam weiter und sah wie diese vier großen Hunde in der Ecke der Mauer auf mich warteten. Ihre Vorderpfoten waren auf den Sims gestellt. Die Mauer war locker zwei Meter hoch, daher musste es auf der anderen Seite irgendwas geben, worauf sie standen. Sie bellten mich unentwegt an.

Leicht panisch ging ich weiter, auch in der Hoffnung, dass sie nicht doch auf die Idee kommen würden rüber zu springen. Ein total mulmiges Gefühl war das. Einige Meter weiter war ich einfach nur erleichtert. An das durchdringende Bellen dieser kräftigen Tiere kann ich mich auch heute noch sehr gut erinnern. So, den Schreck verdaut und den nächsten Ort erreicht. Zeit für eine Pause und den ersten Kaffee. Als mein

Puls dann wieder Normalform erreicht hatte, ging es auch weiter. Und sogar jetzt nach all den Tagen entdeckte ich noch etwas völlig Neues auf dem Weg. Mir kamen Pilger entgegen! Klingt banal, aber wenn man quasi vier Wochen nur auf Menschen traf, die in die gleiche Richtung liefen, war das hier etwas ganz Besonderes. Pilger, die von Muxia oder Finisterre auf dem Weg zurück nach Santiago waren.

Für mich war es heute mal wieder ein entspannteres Pilgern, nachdem die letzten Tage von Sarria bis Santiago eher Stress glichen durch die zahllosen Menschenmassen. Hier und jetzt konnte ich die Landschaft, das Wetter, die Ruhe und die Menschen wieder genießen. Um mich herum änderte sich auch das Bild wieder, je weiter ich in Richtung Meer kam. Zack und auf einmal stand da sogar eine Palme. Es war die erste, die ich überhaupt entdeckt hatte. Etwas später stand ich dann auf der gotischen Brücke bei Ponte Maceira. Sie überspannt dort den Rio Tambre. Von der Brücke aus hatte ich einen ganz tollen Blick über den Fluss und lauschte den Klängen des plätschernden Wassers. Warum ich das jetzt erwähne? Tja, es klingt auch hier nach einer Kleinigkeit, aber mir wurde in dem Moment erst wirklich bewusst, wie grün es in Galizien doch war, im Vergleich zu meinen Regionen vorher. Genau das genoss ich jetzt gerade einfach, blieb eine Zeitlang auf der Brücke stehen und schaute ins Weite.

Da ich bisher nur eine Pause gemacht hatte und ich mich sehr gut fühlte, erreichte ich ohne weiteren Zwischenstopp und völlig schmerzfrei Negreira nach knapp 22 km. Endlich Zeit für ein Frühstück, wobei ich es jetzt eher als Spätstücken bezeichnen würde um kurz nach elf. Ein Käsebaguette und ein Café con leche sollten als Stärkung genügen. Mein Schienbein hatte sich durch den Ruhetag in Santiago sichtlich erholt, sodass ich heute in einem Rutsch bis hierherkam. Der Wanderführer schlug Negreira als Etappenziel vor. Dafür würden es dann in den nächsten beiden Tagen noch einmal über 33 bzw. 31 km werden. Mmhhh, da könnte ich doch heute locker ein paar Zusatzkilometer absolvieren. Fühlte mich gut und es war ja auch erst mittags. Schaute ins Buch und erklärte den Ort Vilaserio spontan als mein heutiges Tagesziel.

Das waren ab jetzt noch gute 12 km. Schuhe geschnürt, Rucksack auf und weiter ging es. Den Blick nach vorn, aber auch immer mal nach unten gerichtet. Gute drei Stunden später erschien das kleine Dorf Vilaserio vor mir als ich aus einem Waldstück kam. Bereits auf dem Weg dorthin hatte ich mich online über mögliche Herbergen informiert und mich für die Casa Vella entschieden. Dort angekommen, wurde mein bisschen Spanisch ziemlich auf die Probe gestellt, da die Besitzer kein einziges Wort Englisch sprachen. Naja, das Wichtigste war nach einem freundlichen "Buenas Tardes" schnell geklärt. Ich ließ meinen Rucksack vor dem Haus auf den Boden plumpsen und trug mich im Inneren in das Gästebuch ein. Tatsächlich war ich heute der erste Pilger hier.

Wenn ihr mögt schaut euch diese Herberge einmal im Netz an. Neben Belorado, der tollen Herberge mit dem Pool im Garten, war das hier ein weiteres tolles Highlight. Casa Vella war ein Schmuckstück, so wie sich die Anlage präsentierte. Nach den knapp 34 km bezog ich kurz mein Bett, sprang unter die

Dusche, machte schnell meine Wäsche und ließ mich dann mit einem kühlen Bier im wunderschönen Garten der kleinen Herberge nieder. Hier könnte man ohne Probleme ein paar Tage länger bleiben. Einfach urgemütlich mit ein paar Hühnern die hier und da rumliefen. Rundherum nur grüne Wiesen und ein paar Bäume. Dazu das fantastische Wetter, wieder einmal! Es war Anfang Oktober und das Thermometer kratzte noch locker an der 30 Grad Marke. Unter einem dieser Bäume fand ich im Liegestuhl ein schattiges Plätzchen. In der prallen Sonne hätte ich es auch nicht ausgehalten. Meine durstige Kehle wurde an diesem Nachmittag regelmäßig mit einem kühlen Bier von innen befeuchtet. Das „una cerveza por favor" kam mir immer flüssiger über die Lippen. Ich genoss die Zeit im Garten, machte mir meine Notizen und schrieb die ein oder andere WhatsApp Nachricht nach Hause.

Gegen 19.30 Uhr wird es Abendessen geben, das erfuhr ich zwischendurch, während ich weiter in der Sonne döste. Anders gesagt, es blieb also noch genug Zeit um Nichts zu tun. Ein weiterer Gast betrat das Anwesen und er war nicht allein. Jorgé aus Madrid näherte sich mit seiner Border Collie Hündin „Huella" und ging auf den Eingangsbereich der Herberge zu. Nach einem lockeren "Hola" kamen wir im englisch/spanisch Mix schnell ins Gespräch. Als ich in fragte, was er beruflich macht, erzählte er von seiner Hundepension und dass er jetzt mit seinem eigenen Hund auf dem Jakobsweg unterwegs sei. Welch coolen Job hat der Bursche doch, dachte ich als er so erzählte. Er konnte leider nur zwei Wochen auf dem Camino sein, da die Pension für die Zeit geschlossen werden musste und er somit auch kein Geld verdiente. Völlig ins Quatschen vertieft, verpennten wir fast das Abendessen. Jorgé aß jedoch nicht mit was ich sehr schade fand. Er blieb bei Huella und hatte im Vorfeld für sie und ihn eine Kleinigkeit zum Abendessen besorgt. Was für eine tolle Beziehung, die er zu ihr hatte.

Vor dem Abendessen trafen tatsächlich noch weitere Pilger ein. Josef und Marc aus Frankreich, sowie Anymade und Jonny aus Dänemark. Nein, ich habe mir die Namen nicht ausgedacht, sie hießen wirklich so. Wir trafen uns alle am großen Tisch zum Essen. Unter uns entstand eine sehr gesellige und lustige Unterhaltung über das was alle bis hierher erlebt hatten. Josef und Marc z.B. waren bereits in Le Puy gestartet. Dort war der Weg bekannter unter dem Namen Via Podensis. Die beiden hatten bis hierher schlappe 1.500 km hinter sich. Was für eine Strecke dachte ich. Zur Erklärung, Josef und Marc waren im fortgeschrittenen Alter und ich schätzte sie so auf Mitte 60. Ich fragte beide, warum sie sich das antun würden??? Also nichts gegen das Pilgern, schon klar, aber es war schon eine gewaltige Strecke. Naja, sagte Marc lächelnd: "Wir haben jetzt beide die Zeit und außerdem mussten wir mal weg von unseren Frauen". Ich musste lachen.

Dabei fiel mir ein, dass wir uns schonmal auf dem Weg getroffen hatten. Da wirkten sie jedoch eher stoisch und unsympathisch auf mich. Wie der erste Eindruck manchmal täuschen kann! Jetzt hier am Tisch hatten wir so tolle und lustige Gespräche, natürlich alles auf Englisch. By the way, das zubereitete Essen schmeckte fantastisch. Zur Vorspeise gab es eine Kürbissuppe, zum Hauptgang etwas Fleisch mit Salat und zum Nachtisch Apfelmus, vermutlich sogar aus dem eigenen Garten. Wir waren uns alle schnell einig, dass wir einen Wein zum Essen trinken wollten. So bestelle ich eine Flasche dazu. Und wieder passierte etwas Neues. Zum ersten Mal überhaupt, wurde uns der Wein getrennt berechnet, eine Frechheit war das... Lach! Naja, was soll's dachte ich. Es war ein fantastischer Abend. Alle hatten eine Menge Spaß und wir haben uns toll amüsiert. Jonny und ich übernahmen den Wein und so langsam wurde es Zeit in die Falle zu gehen.

Tag 30: Vilaserio – Cee

Wieder ging es für mich früh los. Um halb 7 verließ ich dieses Schmuckstück von Herberge. Soweit ich das erkennen konnte, war ich der erste, der das Haus an diesem Morgen verließ. Als ich den Fuß aus der Tür raus setzte, merkte ich erst, wie lausig kalt es heute Morgen war. Die Wetter App zeigte für Vilaserio 6 Grad Celsius an. Trotzdem ging ich mit Fleece Pulli und kurzer Hose los, auch weil ich keinen Bock hatte, später noch einmal die Hose wechseln zu müssen...

Nach den ersten Kilometern durch die kalte Morgenluft erstreckte sich sehr weit und flachhügelig das Hochplateau der Region Xallas (bekannt für die Korbflechtarbeiten, der sogenannten "Cesteria", und ausgefallene Frauenhüte aus Stroh, der "Sombreros de Paja") bis zum Horizont vor mir. In Santa Mariña nahm ich gegen 08.30 Uhr den ersten Kaffee zu mir, auch um mich von innen zu wärmen. Die Sonne zeigte sich nun immer mehr am Horizont, aber spürbar warm wurde es bisher noch nicht. Weiter ging es, wie immer auch über kleinere Berge oder Anstiege. Wie immer? Nein, heute hätte ich vor einem Anstieg rechts abbiegen müssen. Scheisse, den Hinweis hatte ich völlig übersehen. Normalerweise ging es doch immer über den nächsten Berg oder Hügel oder sonst was... und wie oft hatte ich das in den letzten Tagen schon verflucht. Ausgerechnet jetzt war es einmal anders und so landete ich 30 Minuten später mitten vor einem abgeernteten Feld. Niemand anderes war zu sehen. Verdammt, dachte ich und stand da mit meinem Talent. Nützte ja nix, ganz bis zur Abbiegung zurückgehen wollte ich nicht mehr. So zückte ich mein Tele und folgte dem Navigationspfeil quer über das Feld um wieder Richtung Camino zu kommen. Nach knapp 20 Minuten querfeldein und einigen sehr hoch gewachsenen Wiesen war ich wieder da wo ich sein sollte und ärgerte mich etwas über die verlorene Zeit... naja shit happens.

Nicht bedingt durch den Umweg, sondern weil sie in Galizien sehr oft vorkamen, entdeckte ich einen der vielen Hórreos, der sogenannten Maisspeicher. Viele von Ihnen waren bereits zerstört oder zerfallen. Dieses wunderschöne Exemplar schaffte es bei mir als Foto verewigt zu werden. Hintergrund für diese Bauweise waren die klimatischen Bedingungen im Nordwesten der iberischen Halbinsel. Regenmengen von bis zu 2000 mm/Jahr sind in Galizien nicht selten. Die daraus resultierende hohe Luftfeuchtigkeit lässt die Vorräte bei schlechter Durchlüftung verrotten. Gleichzeitig durften aber auch keine Schädlinge (Mäuse, Ratten) durch die notwendigen Lüftungsöffnungen eindringen. Die Steinplatten bilden einen Überhang, der von den am Boden lebenden Nagern kaum zu überwinden ist. Gleichzeitig waren die Öffnungen klein genug angelegt, um Vögel vom Lagergut fernzuhalten und trotzdem eine Durchlüftung zu gewährleisten. Die ältesten noch erhalten Speicher stammen in Galizien aus dem 15. Jahrhundert.

Der extra Weg entschädigte mich dann aber auch noch mit einem tollen Ausblick über die fantastische Landschaft um mich herum. Knappe drei Stunden später erreichte ich nach meinem letzten Stopp in Santa Mariña das Örtchen Olveiroa. Kurz vorm Ortseingang kamen mir einige Pilgergruppen entgegen, die zuvor mit dem Reisebus dort abgesetzt wurden. Olveiroa war ein kleiner beschaulicher Ort, der mich einlud eine Pause zu machen. Zeit für eine Stärkung und den Füßen etwas Erholung zu gönnen. Meine Uhr verriet mir, dass ich bis hierher 26 km hinter mir gelassen hatte. Jetzt waren es nur noch knapp 31 km bis zum Meer nach Finisterre. Beim Essen fiel meine Wahl heute mal auf Patatas Bravas und ein kühles großes Blondes. Nicht das gehaltsvollste Essen, aber ich hatte einfach Bock drauf! Ein holländischer Pilger den ich schon in den letzten Tagen immer mal wieder gesehen und kurz gegrüßt hatte, machte hier ebenfalls Rast. Zwei Tische weiter saß noch ein etwas älterer deutscher Wanderer. Wir drei kamen ins Gespräch. Uwe, so hieß der Deutsche, erzählte uns davon, dass er den Camino schon einmal bis Finisterre gelaufen war.

Er berichtete von seinen Erlebnissen und wir hörten ihm aufmerksam zu. Vor vier Jahren hatte er hier auf dem Weg seine jetzige Frau kennengelernt, sie war ursprünglich aus Dänemark. Mittlerweile verbrachte er die meiste Zeit des Jahres dort. Da ich Finisterre bald erreichen würde, fragte ich ihn nach einem guten kleinen Hotel oder einer Pension. Wie es der Zufall wollte, gab er mir direkt einen guten Tipp, wo ich mich ein paar Tage einzuquartieren könnte. Ich verließ mich einfach auf ihn und bat ihn dort für mich anzurufen, als er mir direkt erwiderte, "nein, kein Problem die sprechen dort deutsch". Ich griff zum Telefon und reservierte mir ein Zimmer für drei Nächte in der Pension Lopez in Finisterre. Ich war erleichtert, dass ich mich bei meiner Ankunft nun nicht mehr darum kümmern müsste. Ich bedankte mich bei Uwe und verabschiedete mich von den beiden, da mein Tagesziel noch ein gutes Stück von hier entfernt war. Genauer gesagt waren es noch schlappe 18 km.

Der Weg war einerseits wunderschön, aber andererseits auch in der Mittagssonne wieder ziemlich brutal. Die Kälte von heute Morgen war längst der Hitze gewichen und nun war ich froh, die kurzen Hosen anzuhaben. Es war schlicht affenheiß und zum Glück hatte ich in Olveiroa auch meinen Wasservorrat wieder aufgefüllt.

Kurz vor Hospital, knapp 1 ½ Stunden nachdem ich Olveiroa verlassen hatte, traf ich Josef und Marc wieder. Wir gingen ein Stück zusammen bis wir den Ort erreichten. Die beiden hatten hier eine Herberge reserviert und checkten ein. Die rüstigen Rentner hatten heute eine beachtliche Strecke von fast 30 km hinter sich gelassen... Respekt! Ich nutzte die Zeit für eine erneute Pause und genehmigte mir noch ein Bier. Gleichzeitig deckte ich mich mit einer großen Flasche Wasser ein, da das kommende Stück des Weges es sehr in sich haben sollte. 15 km waren es noch. Ich verabschiedete mich von Marc und Josef und ging wieder los.

Der Abschnitt erinnerte mich unfassbar stark an die Meseta. Lange gerade Wege die ins nichts führten. Einziger Unterschied war, dass es hier links und rechts des Weges knallgrün war. Aber dem Auge wurden trotzdem keine optischen Highlights geliefert. Es war hart sich zu motivieren und die Sonne brannte dazu unerbittlich. Ich pushte mich mit etwas Musik und stopfte mir die Kopfhörer ins Ohr. Kein Pilger, den ich überholte und keiner der mir entgegenkam. So kam ich einige km ganz gut voran, was jedoch nicht darüber hinwegtäuschte, dass sich der Weg zog wie ein Kaugummi. Es wurde noch einmal so heiß, dass ich nach ewiger Zeit tatsächlich meinen Sonnenhut aus dem Rucksack kramte und aufsetzen musste. Meter für Meter kämpfte ich mich weiter und dann war mit einem Mal plötzlich alles vergessen...

Vor einer leichten Rechtskurve, erblickte ich zum ersten Mal nach all den Tagen das Meer. Es war auf einmal da. Welch sensationelles Gefühl durch meinen Körper schoss. Ich blieb stehen und genoss für eine ganze Weile diesen wunderschönen Anblick.

Glücksgefühle durchströmten meinen Körper und mit einem Mal war die Motivation zurück. Nach der Kurve ging es steil bergab. Dabei traf ich nach langer Zeit wieder einen Pilger bzw.

eine Pilgerin. Zufällig auch noch eine Deutsche. Maja vom Bodensee. Sie wollte an diesem Tag auch bis Cee gehen. Etwas ungläubig schaute sie mich an, als ich ihr erzählte, dass ich heute Morgen von Vilaserio aus gestartet war und es bis Cee dann ganze 42 km sein werden. Während wir so liefen und quatschen, merkten wir fast nicht, dass wir schon kurz vor unserem Ziel waren. Ich war heilfroh mein Etappenziel erreicht zu haben. Majas Herberge war jedoch bereits total ausgebucht, aber direkt schräg gegenüber fand ich noch ein freies Bett in einer anderen Bleibe. Etwas ganz anderes als noch tags zuvor dachte ich und musste natürlich an die schmucke Herberge in Vilaserio denken. Egal, ich war nur noch eine Wanderung von Finisterre entfernt. Nach der wohltuenden Dusche ging ich in den kleinen Ort und fand zentral gelegen ein schönes Restaurant. Nach der langen Etappe wollte ich unbedingt noch etwas Essen, bevor die Sonne unterging.

Da so sitzend genoss ich die letzten Strahlen der untergehenden Sonne, bevor sie hinter einem großen Berg verschwand. Nun wurde es auch wieder schlagartig kalt. Theresia meldete sich per WhatsApp bei mir. Sie hatte heute stolze 46 km zurückgelegt und war auch bis Cee gelaufen. Sie saß nur knapp 100 Meter entfernt von mir in einem Burger Laden. Ich ging zu ihr rüber und wir quatschen über die heutige Etappe. Danach noch schnell in den Supermarkt um mich mit Getränken für den morgigen Tag einzudecken. Als ich in der Herberge ankam, fiel ich nach der Mörderetappe direkt ins Bett, schaute vor dem Einschlafen aber noch die ein oder eine Folge Stromberg auf dem Handy... Gute Nacht!

Tag 31: Cee – Finisterre

In der Nacht wurde ich ein paarmal wach, wusste aber nicht genau warum. Kein spezieller Gedanke der mich umher trieb. Vielleicht wurde mir einfach bewusst, dass ich jetzt tatsächlich vor meiner allerletzten Etappe stand. Richtig früh aufstehen musste ich sowieso nicht für die restlichen paar km, da ich die zwei Tage zuvor ordentlich Strecke gemacht hatte. Bis Finisterre waren es von hier aus gerade einmal noch 13 km. Um kurz vor acht stand ich auf, machte mich in Ruhe fertig und war einer der letzten Pilger, der die Herberge verließ. Das Wetter war an diesem Morgen wieder ein Traum, ich konnte keine Wolke am Himmel entdecken als ich zur Tür heraus ging. Natürlich ging es dann doch wieder leicht bergauf und ich dachte, das muss jetzt aber wirklich der allerletzte Anstieg sein!

In einem Moment bewunderte ich noch diesen fantastisch klaren Blick auf die Bucht von Cee um schon kurz darauf zu beobachten, wie ein Mix aus Wolken und Nebel die Sicht Stück für Stück wieder verschleierten. Meinen ersten Stopp an diesem Morgen legte ich in Sardiñeiro de Abaixo ein. Ich wusste ja, dass es bis Finisterre nur noch ein Katzensprung war. So trank ich mit großer Gelassenheit schon nach einer Stunde des unterwegs sein, meinen ersten Kaffee. Ich entdeckte ein kleines Café direkt an der Strandpromenade. Dieses war auf der anderen Seite direkt mit der Straße verbunden. Sardiñeiro selbst wirkte noch sehr verschlafen gegen neun Uhr morgens. Zum x-ten Male gab es für mich einen Kaffee, einen Orangensaft und ein Croissant. Was soll ich euch sagen. Bis zum heutigen Tag wurde ich dieses Frühstück einfach nicht leid... Allein der frisch gepresste Orangensaft jeden Morgen war schlicht der Hammer!

Ganz allein saß ich in dem kleinen Café. Weit und breit waren keine anderen Pilger auszumachen. Im Hintergrund dudelte der Fernseher mit den Nachrichten des Tages. Nach der kurzen Pause ging es weiter. Und wieder entdeckte ich noch etwas Neues auf dem Camino. An einer steileren Straße, die etwas außerhalb von Zentrum lag, standen ältere Bewohner des kleinen Ortes, vorwiegend Frauen vor ihren Häusern und warteten... Aber worauf nur!? Der Camino führte mich genau hier lang... Als ich ca. die Hälfte der Straße passiert hatte, erschien hinter mir ein kleiner Lieferwagen, aus dem ein Mann alle paar Meter ausstieg, um frische Brötchen an jedes dieser Häuser zu liefern. Dass es sowas noch gab, dachte ich. Ein toller Service, für die Leute, die vielleicht nicht mehr regelmäßig runter in den Ort konnten. Das Wetter war zum Wandern heute Morgen wieder perfekt, eine leichte Bewölkung hielt sich am Himmel und es war bei weitem nicht so kalt wie in den vergangenen Tagen. Nachdem ich die Anhöhe gemeistert hatte, ging es eine ganze Weile durch herrlich duftende Pinienwälder stetig bergab.

Ja und dann war es tatsächlich und wirklich soweit... Zwei weitere Stunden später erschien vor mir der breite Sandstrand von Finisterre. Von hier aus waren es jetzt nur noch schlappe vier km bis ins Zentrum. Schwer zu beschreiben, was in diesem Moment alles in mir vorging. Ein warmes Gefühl durchzog meinen gesamten Körper. Ich blieb stehen und genoss diesen herrlichen Blick auf den unendlich langen Strand.

Neben der Freude, so kurz vor dem Ziel zu sein, kam aber auch die Gewissheit, dass das Ende meiner Reise nun unmittelbar bevorstand. Ich verharrte noch etwas, genoss es jetzt hier angekommen zu sein und gleichzeitig auch die Ruhe die mich nun umgab. Ein paar Minuten später ging ich langsam weiter. Ich spielte mit dem Gedanken die Schuhe auszuziehen um mit den Füßen im Wasser am Strand entlang zu laufen, entschloss mich dann aber für den schmalen Steg der vor mir auftauchte. Einige Meter weiter entdeckte ich einen kleinen Stand an der Seite. Ich musste einfach stehen bleiben. Auf dem Tisch lagen total viele bemalte Jakobsmuscheln, jede von ihnen war ein Unikat. Ich suchte mir eine aus und hinterließ dem Künstler eine angemessene Spende. Leider war von ihm weit und breit nichts zu sehen, aber ich freute mich über ein sehr schönes Andenken. Als ich den Strand hinter mir gelassen hatte und kurz vorm Zentrum war, stoppte ich nochmals für einen Kaffee. Ich wollte mir die Situation noch einmal bewusst machen, tatsächlich angekommen zu sein. Es ging mir aber auch das durch den Kopf was ich einmal in einem Bericht gelesen hatte.

"Warte immer eine Weile vor deinem Zielort, damit deine Seele dich einholen kann. Denn nur zu Fuß hält die Seele Schritt."

So nahm ich mir die Zeit, trank meinen Kaffee und blickte aufs Meer.

Beim Bezahlen holte mich dann flux wieder die Realität ein, als ich bemerkte, dass mein letztes Kleingeld gerade in der Spendenschale des Künstlers gelandet war. Mmmhhh, da war nur noch ein 20 Euro Schein im Portemonnaie. Die Besitzerin des Cafés konnte darauf nicht rausgeben, da sie bisher kaum Wechselgeld in der Kasse hatte. So lud sie mich kurzerhand zu dem Heißgetränk ein. Mit einem Muchas Gracias bedankte ich mich vielmals bei ihr und machte mich auf die letzten Meter. Ein paar Straßen weiter war es dann endgültig geschafft. Das Zentrum von Finisterre war erreicht! Gefühlt sollten doch jetzt Fahnen am Rand des Weges geschwenkt werden, dachte ich. Nicht nur für mich, für alle Pilger, die bis hierhin kamen! Aber nichts dergleichen passierte leider...

Der Weg führte mich fast automatisch an der Pension Lopez vorbei, in der ich mich für drei Nächte einquartiert hatte. Beim Einchecken hatte ich noch die Auswahl zwischen einem Zimmer im Haupt- oder Nebenhaus. Der Preisunterschied pro Nacht lag bei 10 Euro. So warf ich einen Blick in das Nebenhaus, welches nur zwei Minuten entfernt lag und entschied mich für die preiswertere Variante. Nebenbei schien es hier auch wesentlich ruhiger zu sein. Ich freute mich wie ein Schneekönig endlich wieder ein eigenes Bett zu haben. Das Zimmer war klein, aber völlig ausreichend. Unmittelbar nachdem ich angekommen war und meinen Rucksack auf den Boden plumpsen ließ, genehmigte ich mir eine Dusche, machte mich schnell frisch und ging in das kleine Städtchen am Ende der Welt. Jetzt musste ich nichts mehr waschen oder für den nächsten Tag vorbereiten. Ein komisches Gefühl, so ohne Rucksack los zu ziehen. Als ob etwas fehlte. Auch wenn ich am Ziel war, musste das alles doch erstmal richtig sacken...

Kurz vorm Hafen entdeckte in an einer Ecke ein kleines Restaurant, wo mir ein Schild mit der Aufschrift „Weißwurst mit süßem Senf" ins Auge sprang... Ich musste lachen. Na, wenn das keine Einladung war, sich hier nieder zu lassen. Es gab noch ein paar freie Plätze im Außenbereich. Mich trieb jetzt nichts mehr. Zur Feier des Tages gönnte ich mir ein Schnitzel mit Pommes, ganz klassisch. Wie geil das doch schmeckte! Maja und Theresia waren auch in Finisterre angekommen und gestellten sich etwas später zu mir. Nach einem kurzen Smalltalk über die letzten Meter, beschlossen wir dann gemeinsam zum Leuchtturm zu gehen. Es waren von hier aus ja „nur" noch 2,5 km. Logischerweise ging es bergauf und auch diese Strecke zog sich noch einmal ordentlich, bis wir leicht angeschwitzt den Leuchtturm erblickten. Die Sonne stand hoch am Himmel und nur vereinzelt zeigte sich hier und da eine Wolke. Oben angekommen wollten wir natürlich direkt zum berühmten 0,00 km Stein. Überflüssig zu erwähnen, dass hier die Hölle los war. Jeder Pilger wollte allein oder mit anderen zusammen ein Foto mit diesem Stein ergattern. Als ich einen "freien Slot" ausmachen konnte, nutzte ich die Gelegenheit um auch mein Erinnerungsfoto dort zu machen...

Etwas abseits des Leuchtturms befand sich ein kleines Café in dem wir auf der Terrasse einen Platz für uns ergattern konnten. Unseren Blick natürlich Richtung Sonne gerichtet. Als wir da so saßen, lernten wir Jean-Marie aus Belgien kennen, der ebenfalls dieses Fleckchen für sich entdeckt hatte. Wir tauschten uns über den Weg aus und was wir alles bisher so erlebt hatten auf den unzähligen Kilometern bis hierhin.

Während wir so im Quatschen waren, kam auf einmal Gerd um die Ecke! Das gibt es doch nicht, dachte ich, schoss aus meinem Sitz, umarmte ihn und freute mich wahnsinnig ihn wiederzusehen. Ich hatte überhaupt nicht damit gerechnet ihn hier noch einmal zu treffen. Er erzählte mir, dass er ab Santiago den Bus genommen hatte und deswegen so schnell in Finisterre sein konnte. Wir hatten uns das letzte Mal vor über zwei Wochen gesehen. Ein sehr guter Moment um anzustoßen. Wir bestellten gemeinsam eine Flasche Rotwein und schauten der Sonne beim Untergehen zu. Kurz bevor sie ganz verschwunden war, dachte ich mir, jetzt wäre der richtige Moment Papas Zigarre zu nehmen und diese oberhalb der Klippen anzuzünden. Gut, dass ich sie vorhin direkt mal auf Verdacht eingepackt hatte. Sie hatte die Reise im Rucksack bestens überstanden. Papa liebte einfach das Meer. Es hat ihn auch immer magisch angezogen. Mit den Gedanken ihn symbolisch an das Meer zu übergeben, rieselte Stück für Stück etwas Asche zu Boden. Dies wäre hier bestimmt sein Lieblingsplatz gewesen. Mach's gut Papa! Danke, für alles was Du mir für das Leben mitgegeben hast, ich weiß du hast dein Möglichstes getan. Ich genoss den Moment noch ein Weilchen allein, bis ich zu den anderen ins Café zurückging. Die Sonne versank am Horizont und es wurde kurz darauf auch schlagartig kalt, sodass wir alle zurück in die Stadt wollten.

Theresia und ich beherzigten den Tipp von Jean-Marie doch einfach ein Auto anzuhalten, welches auf dem Weg nach unten war. Das dritte Auto, welches wir per Anhalter stoppen wollten, nahm uns dann auch tatsächlich mit. Auf der kurzen Fahrt nach unten, unterhielten wir uns mit dem spanischen Paar und waren im Nu wieder im Zentrum von Finisterre. Wir schlenderten durch die Gassen in Richtung Meer und entdeckten ein Restaurant welches von außen schon sehr nobel aussah. Spontan entschieden wir uns rein zu gehen und hatten Glück, da ein paar Tische noch ohne Reservierung waren. Beim Blick auf die Karte entdeckten wir einige gut klingende, wenn auch kostspielige Leckereien. Heute durfte es mehr als ein Pilgermenü sein. Wir belohnten uns mit zwei tollen Gerichten. Theresia gönnte sich Schweinefleisch am Spieß hängend und für mich sollte es eine große Portion Thunfisch sein. Sooo lecker, was da vor uns auf dem Tisch stand. Die freundliche Kellnerin empfahl uns dazu den passenden Rotwein. Ein sehr gelungener Abschluss eines fantastischen Tages.

Nach dem grandiosen Essen und dem tollen Abend verließen wir das Restaurant und suchten beide unsere Unterkünfte auf. Genau in diesem Moment war der Akku meines Handys leer, sodass ich tatsächlich die Orientierung in dem kleinen Ort verlor. Theresia war in diesem Moment leider schon zu weit weg. Der Zufall meinte es wieder gut mit mir, als mir im nächsten Augenblick Maja entgegenkam. Sie schaute auf ihr Smartphone und gab mir den entscheidenden Tipp in welcher Richtung meine Pension lag. Ein paar Minuten später stand ich in der besagten Nebenstraße und war zu Hause.

Finisterre

Meine Nacht war total erholsam. Richtig auszuschlafen gelang mir jedoch überhaupt nicht. Der Pilgerrhythmus der letzten vier Wochen steckte einfach noch in mir. Also stand ich auch an meinem ersten "freien" Tag ziemlich zeitig auf. Nach der erfrischenden Dusche ging es in Flipflops, T-Shirt und kurzer Hose zum Frühstück. Wie gut sich das anfühlte, nachdem ich meine Füße jetzt täglich in die Wanderschuhe gezwängt hatte. Mein Ziel war wieder das kleine Restaurant am Hafen, wo ich gestern schon aufgeschlagen war.

Das Wetter nahm sich heute eine Auszeit, der Himmel war wolkenverhangen und es tröpfelte leicht vor sich hin. Nach den vorherigen fantastischen Wochen ließ sich das jedoch leicht verschmerzen. Wie fast jeden Morgen stand auch heute wieder der frisch gepresste Orangensaft auf dem Tisch. Eine Sache wollte ich nach dem Frühstück jedoch noch unbedingt erledigen. Mein Weg führte mich ins Pilgerbüro im Zentrum. Alle Pilger, die bis Muxia oder Finisterre weitergingen, erhielten hier noch eine weitere Urkunde für ihre Sammlung. Ja, da hatte ich auch Bock drauf, wenn ich schonmal am Ende der Welt war. Hier musste auch niemand anstehen, so wie in Santiago. Es war ein kleines süßes Büro, in der Altstadt, indem mich eine junge Dame empfing. Nachdem ich ihr meinen voll gestempelten Pilgerpass vorlegte, erhielt ich innerhalb von fünf Minuten das gute Schriftstück. Diese wanderte sogleich mit den Urkunden aus Santiago in die Aufbewahrungsrolle.

So, nun war aber wirklich alles erledigt. Ab diesem Moment fühlte ich mich zugegeben richtig "frei". Jetzt wurde es Zeit für den Frisör. Meine Haare und mein Bart hatten es sich nach einem Monat verdient, geschnitten zu werden. Manuel, der Besitzer aus dem Restaurant am Hafen gab mir einen Tipp, wo ich mich wieder straßentauglich herrichten lassen konnte. Als gefühlt neuer Mensch verließ ich den kleinen Frisiersalon. Das Wetter klarte auf und ich entschied mich spontan zum Strand auf der anderen Seite der Stadt zu gehen. Wunderschön erschien dieser nach nur 15 Gehminuten vor mir. So verlockend es auch schien, war es gleichzeitig brandgefährlich hier auch nur einen Fuß ins Wasser zu setzen. Warnschilder wiesen darauf hin, dass die Unterströmung hier so stark wäre, dass das Baden zurecht verboten war. Ich zog die Flipflops aus und ließ meine Füße den Sand spüren als ich den Strand einfach ein paar Schritte entlang ging. Diese hatten mich die für mich immer noch unvorstellbare Distanz von 900km bis hierhergebracht, ohne eine einzige Blase oder sonst was!

Im nächsten Moment schrieb mir Theresia. Sie war auch auf dem Weg zum Strand. Als sie eintraf, ließen wir gemeinsam die Seele baumeln und genossen wie die rauen Wellen immer wieder auf den Strand einprasselten. In der Sonne war es dazu herrlich warm. Jeder für sich ließ die letzten Wochen einmal Revue passieren. Nach einer Weile trieb mich der Hunger zurück. Theresia blieb noch hier am Strand. In der Stadt angekommen, erkannte ich an der Promenade am Hafen aus der Ferne den Holländer wieder, den ich in den letzten Tagen immer wieder mal getroffen hatte. Er saß zusammen mit zwei anderen Pilgern am Tisch. Wir hatten uns auch einander vorgestellt, aber mir war einfach der Name entfallen.

Ich fragte, ob ich mich dazusetzen dürfte und alle nickten zustimmend. Gemeinsam bestellten wir eine Runde Bier und stießen selbstverständlich auf den Camino und das an was wir alle in den letzten Wochen geschafft hatten! Auf der Speisekarte entdeckte ich eine Paella. Endlich, dachte ich. Wie lange wollte ich die schon essen, seitdem ich in Spanien war. Die bestellte Portion war der Hammer. Zwischen den vielen Meeresfrüchten konnte ich kaum Reis entdecken, einfach ein Träumchen und mega lecker! Nach einem weiteren gemeinsamen Bier löste sich unsere Gruppe auf. Im Supermarkt an der Ecke kaufte ich noch ein paar Kleinigkeiten ein, als ich bemerkte, dass es mir von einem auf den anderen Moment nicht mehr wirklich gut ging. ich fühlte mich einfach körperlich schlecht, wie angeflogen und ich bekam sogar Schüttelfrost. Mein Körper hatte mich auf der gesamten Reise nie im Stich gelassen. An jedem neuen Tag konnte ich los und hatte alle Etappen gemeistert. Ich war bisher nie wirklich krank geworden. Jetzt, da ich am Ziel angekommen war, hatte er das verdammte Recht, sich zu nehmen was er brauchte. Ruhe und Erholung. Ich hörte auf die Signale und ging bereits am späten Nachmittag zurück zur Pension, legte mich ins Bett und schlief tatsächlich bis zum nächsten Morgen durch.

Finisterre an Tag 3

So früh ins Bett zu gehen war gestern die definitiv richtige Entscheidung, um meinem Körper die dringend benötigte Erholung zu gönnen. Ich wachte heute Morgen fast wieder topfit auf. Schon Wahnsinn dachte ich einerseits und war andererseits natürlich total froh, so noch die Zeit in Finisterre genießen zu können. Beim Blick aus dem Fenster sah ich, dass es ein hervorragender Tag werden würde. Auf ging´s zum Frühstück, natürlich wieder in Manuels Restaurant am Hafen. In meinen Rucksack hatte ich bereits alle Sachen für einen Strandtag gepackt. Da heute Sonntag war, konnte ich mir leider kein Fahrrad ausleihen. Also gings nach dem ausgiebigen Frühstück zu Fuß zum langen Stadtstrand.

Als ich dort ankam, liefen mir Jorgé und seine Hündin Huella fast in die Arme. Das gibt´s doch nicht, dachte ich und freute mich, dass die beiden es auch bis hierhergeschafft hatten! Wir unterhielten uns kurz über die vergangenen Tage als ich plötzlich hörte, wie jemand meinen Namen rief. Ich drehte mich um. Es war Gerd mit seiner Begleitung. Die beiden waren auch auf dem Weg zur Bar am Ende des Strandes. Jorgé ging mit seiner Hündin Richtung Zentrum und ich schloss mich Gerd in Richtung Bar an. Dort angekommen, machte ich es mir direkt am Strand gemütlich und genoss die Sonne, während die beiden einen Platz nahe der Bar fanden.

Als Jörg und Katrin ebenfalls an der Bar ankamen, gesellte ich mich zu ihnen und wir tranken alle gemeinsam ein Bier. Freute mich total, auch die beiden hier wiederzusehen. Im Verlauf des Tages ergänzten Theresia und Agnes aus Dänemark unsere Gruppe. So verbrachten wir dort alle zusammen einen wunderbaren Tag. Am späten Nachmittag machte ich mich auf den Weg zurück zur Pension. Wir hatten beschlossen uns alle gemeinsam zum Sonnenuntergang am Leuchtturm zu treffen. So sprang ich schnell unter die Dusche, machte mich fertig und ging zu Fuß in Richtung Leuchtturm. Am Hafen entdeckte ich einen Hinweis auf den Bummelzug, der für ein paar Euro auf dieser Strecke pendelte. Leider war er gerade zu der Zeit nicht da. Auch die anderen trudelten jetzt am Hafen ein und so gingen wir den Weg gemeinsam nach oben. Gegen halb acht waren wir da. Die Sonne war zum Glück noch nicht untergegangen. Der Wind pfiff uns hier oben aber ziemlich um die Ohren.

Am Café angekommen suchte sich jeder eine der ausliegenden Decken und wir machten es uns gemütlich. Eine Flasche Rotwein wärmte uns alle etwas von innen. Die Sonne versank jetzt Stück für Stück im Meer. Wir saßen einfach nur da und genossen den Moment. Es war mein letzter Abend in Finisterre. Sobald die Sonne komplett im Meer verschwunden war, wurde es auch schlagartig lausig kalt. Wir verließen gemeinsam das Café, als wir die Bimmelbahn sahen, die gerade losfahren wollte. Entschlossen rannten wir auf den Fahrer zu und konnten ihn gerade noch stoppen. Mit nicht ganz so begeisterter Miene ließ er uns alle noch einsteigen. Geil, dass das gerade noch so geklappt hatte und wir nicht wieder die knapp 2,5 km zu Fuß gehen mussten. Nachdem wir etwas durchgerüttelt auf dem Wagon sitzend unten ankamen, suchten wir das Restaurant auf, indem ich mit Theresia am Freitag so gut gegessen hatte. Wir hofften einfach, dass wir auch mit acht Leuten einen Tisch ergattern könnten.

Ja, wir hatten wieder Glück und nahmen alle zusammen an einem langen Tisch Platz. Der Abend verging wie im Fluge, als wir alle so gemütlich beisammensaßen und uns über die vergangene Zeit austauschten. Wirklich jeder war vom Essen, dem Wein und dem Ambiente in dem Restaurant schlichtweg begeistert. Es war ein würdiger Abschluss am Ende der Welt. In dem Moment war ich unendlich dankbar dafür, welch tolle Menschen ich kennenlernen durfte.

Finisterre – Santiago de Compostela

Nachdem Aufstehen hieß es Rucksack packen. Zwei Tage lang konnte er einfach in der Ecke stehen, jetzt war es Zeit sich wieder auf den Weg zu machen. Es ging nach Hause! Ich verließ das kleine süße Zimmer und checkte mich aus der Pension aus. Bis zur Abfahrtszeit des Busses hatte ich noch genug Zeit um in Ruhe in Manuels Bar zu frühstücken.

Außerdem suchte ich noch nach einer Möglichkeit mein Flugticket ausdrucken, da ich mich nicht traute den Barcode mit dem geschrotteten Display auf meinem Handy zu nutzen. Im Ort konnte ich bisher keinen Copy-Shop oder ähnliches entdecken. So sprach ich Manuel während des Frühstücks darauf an. Er verwies mich an seine Frau Christine, da er "technisch" nicht so versiert wäre. Als sie auf mich zukam, gab Sie mir in knappen Worten zu verstehen, dass sie das nicht mehr macht, weil einfach zu viele Pilger danach gefragt hatten. Sie schlug mir vor es in der Bücherei oder der Bar gegenüber zu erledigen.

Nachdenklich widmete ich mich erstmal meinem ausgiebigen Frühstück mit Müsli, Kaffee und jaaaa, natürlich einem frisch gepressten Orangensaft. Wahrscheinlich vorerst dem Letzten, der einfach so gut geschmeckt hatte. Während ich beim Essen war, kam Christine nochmal auf mich zu und drückte mir die Visitenkarte der Bar in die Hand. „Stephan, sagte sie, es ist eine Ausnahme! Schick mir dein Ticket per Mail zu, ich drucke es dann gleich im Büro aus". Ziemlich erleichtert, dass dieses Problem gelöst war, halte ich keine 15 Minuten später mein Ticket in der Hand und bedankte mich mehrmals bei ihr. Nach dem Frühstück ging ich für eine Weile an den Hafen, schaute mich noch einmal um, bevor der Bus dann um 11.45 Uhr eintrudelte. Gute 1 ¼ Stunden später erreichte er den Busbahnhof von Santiago. Ich machte mich auf und suchte mein Hostel, in dem ich mein Bett bereits in Finisterre online gebucht hatte.

Nach dem Einchecken legte ich mich eine halbe Stunde hin, da ich mich doch noch etwas platt fühlte. Danach ging's aber direkt in die Stadt. Ich hatte zuvor mit Ivan getextet und wusste, dass er mit Louise, Maryn aus Amerika, sowie Dan aus Israel in einer Herberge im Zentrum untergebracht war. Sie waren gestern gemeinsam in Santiago angekommen und ich freute mich riesig die alte Truppe hier nochmal treffen zu können. Julius war zu dem Zeitpunkt noch auf dem Weg nach Santiago. Er hatte sich leider eine Alkoholvergiftung zugezogen und musste erstmal zwei Tage Zwangspausieren. So traf ich die anderen in der Herberge und wir gingen gemeinsam in die Stadt. Alle hatten Hunger und wir gönnten uns nach Wochen mal wieder für einen Döner. Während des Essens, kam uns die Idee, dass wir uns hier in Santiago ein Tattoo als Erinnerung stechen lassen wollten. Eine Jakobsmuschel auf dem Arm oder Fuß oder sowas.

Nach dem Essen bummelten wir gemeinsam durch die Gassen der Stadt, schlenderten an den Geschäften vorbei und ließen alle Eindrücke auf uns wirken. Gegen frühen Abend gingen wir zum Vorplatz der Kathedrale. Julius müsste eigentlich im nächsten Moment durch den Torbogen kommen. Er wusste allerdings nicht, dass ich auch wieder in Santiago war. Ich versteckte mich etwas abseits der Gruppe. Wenige Minuten später sah ich ihn durch den Torbogen schreiten. Als die Gruppe ihn entdeckte, fielen sich alle in die Arme.

Ich schlich mich von hinten an und überraschte ihn. Sichtlich gelungen, was ich an seinem Gesichtsausdruck erkennen konnte. Damit hatte er jetzt wirklich nicht gerechnet. Wir fielen uns auch in die Arme und setzen uns alle gemeinsam kurze Zeit später in ein kleines Café in einer der vielen Gassen. Es gab so viel zu erzählen. Er wird nach Alicante fahren um Darit zu treffen, eine junge Frau, die er auf dem Camino kennengelernt hatte. Bevor er sich ins Arbeitsleben stürzt, will er noch weitere Reisen unternehmen, wohin wusste er noch nicht genau. Das angesprochene Tattoo hatten wir uns nicht alle stechen lassen. Ich ließ mir mit der Entscheidung, welches Motiv es sein soll Zeit, bis ich wieder in Deutschland wäre. Es war bereits dunkel in Santiago. Der Abend neigte sich wohl oder übel dem Ende entgegen. Ich wollte nicht gehen, aber am nächsten Morgen würde mein Flieger um 06:40 Uhr abheben und ein paar Stunden Schlaf würden mir guttun. Es war so schön alle noch einmal wiederzusehen. Gegen Mitternacht zog ich los in mein Hostel und verabschiedete mich von jedem ausgiebig. Die ein oder andere Träne konnte ich mir nicht verkneifen.

Nach Hause

Um kurz vor vier Uhr wurde ich wach, noch bevor mich mein Armband aus dem Schlaf geholt hätte. Ich machte mich fertig und bestellte an der Rezeption ein Taxi. Keine fünf Minuten später stand das Auto auch schon vor der Tür. Ca. zwanzig Minuten später waren wir am Aeroporto de Santiago. Das Terminal war so gut wie menschenleer. In ein paar Minuten würde der Flughafen wohl langsam zum Leben erwecken. Mit meinem Flugticket in der Tasche konnte ich direkt durch den Sicherheitscheck, da ich ja nur mit Handgepäck unterwegs war. Bis zum Abflug hatte ich so noch eine Weile Zeit und machte es mir, so gut es ging, bis dahin im Warteraum bequem. Mein erster Flug an diesem Tag hob pünktlich um 06.50 Uhr ab, sodass wir bereits gegen halb 9 Palma de Mallorca erreichten. Ab Santiago gab es keine Direktflüge Richtung Düsseldorf oder Köln. In Palma angekommen, hatte ich ganze vier Stunden Zeit, bis mein Anschlussflug gehen würde. Die Alternative wäre, über Madrid zu fliegen. Dabei hätte ich jedoch nur 30 Minuten Umsteigezeit gehabt und wollte es unter allen Umständen vermeiden, so einen Stress wie auf dem Hinflug über London zu haben.

Also Zeit genug um am Flughafen ausgiebig zu frühstücken. Beim Landeanflug auf Palma lernte ich Linda kennen. Sie war meine Sitznachbarin. Als wir in Santiago abhoben, waren wir beide noch zu müde, sodass wir erst vor der Landung kurz ins Plaudern kamen. Sie war auch gepilgert und zwar den Camino Norte. Ein Wanderweg in Nordspanien, der fast ausschließlich an der Küste entlangführte. Nun blieb sie noch bis zum Monatsende auf Mallorca, um dort ihre Familie in einem Ferienhaus zu besuchen. Danach wird sie zum Bodensee zurückreisen, um ihre Arbeit in einem Hotel wieder aufzunehmen. Als wir den Boden von Palma erreichten, verabschiedeten wir uns kurz und gingen beide unserer Wege.

Nach dem Frühstück schlug ich die Zeit mit einigen YouTube Videos und Serien tot. Eine Stunde vor dem geplanten

Boarding warf ich dann mal einen Blick auf den Monitor, um mein Gate ausfindig zu machen. Dort erschien jedoch zu meiner Überraschung eine Verspätung der Maschine aus Düsseldorf von einer Stunde. Naja dachte ich, sowas kommt vor. So ging ich wieder zurück in den Wartebereich. Leider sollte es jedoch nicht bei dieser einen Stunde bleiben und mit jedem Blick auf den Monitor kamen weitere Verspätungen dazu. Merkwürdig, langsam machte ich mir Sorgen was denn da los sein könnte. Von der Airline gab es bisher überhaupt keine brauchbaren Informationen, sodass unter allen Wartenden die Gerüchteküche wild anfing zu brodeln.

Mehr aus Langeweile warf ich auch einen Blick auf die Wetter App und diese verriet mir, dass ein heftiges Gewitter über dem Osten von Mallorca wütete, welches so langsam Richtung Palma zog. Stunde um Stunde ging ins Land. Jetzt war es bereits später Nachmittag. Immer noch keine neuen Informationen. Um uns herum gingen etliche Flüge, in alle möglichen Richtungen, nur unser nicht. Ich versuchte zwischendurch etwas die Füße hoch zu legen und zu entspannen, was mir überhaupt nicht gelang. Meine Freunde, die mich vom Flughafen in Düsseldorf abholen wollten hielt ich permanent auf dem Laufenden und dass es bisher so aussieht, ganz spät abends zu landen oder der Flug evtl. komplett gestrichen wird. Während des Wartens kam ich mit einer Frau ins Gespräch, die mit ihren zwei Kindern auf der Rückreise war. Sie erzählte mir, dass sie in Cala Ratjada, also im Osten der Insel, ein Ferienhaus gemietet hatte. Quasi genau da, wo jetzt das Unwetter wütete. Sie machte sich Sorgen, da ein Teil ihrer Familie noch dortgeblieben war. Wir unterhielten uns eine ganze Weile und sie holte sich regelmäßig Updates aus Cala Ratjada. Durch die Unterhaltung konnten wir uns beide gegenseitig ganz gut ablenken. Zwischenzeitlich erhielt sie dann die Info, dass bei der Familie alles in Ordnung sei.

Von der Airline gab es weiterhin keine genauen Informationen, uns wurde lediglich ein 5 € Gutschein zum Verzehr gereicht. Niemand im Terminal mit dem man hätte sprechen können. Und dann wurde unser Flug nach geschlagenen sieben Stunden tatsächlich noch aufgerufen. Jetzt war es halb neun abends. Ich war hundemüde. Unsere ursprüngliche Maschine war anscheinend defekt. So mussten wir auf eine Ersatzmaschine warten, die von Manchester eingeflogen wurde. Der Himmel über Palma war mittlerweile tief grau und das Gewitter jetzt direkt über uns.

Als wir auf dem Rollfeld standen, prasselte der Regen gegen die Scheiben und ich hatte seit langem mal wieder Schiss beim Start. Die Blitze erhellten um uns herum das Rollfeld. Die Maschine beschleunigte und hob ab. Vielleicht war es Einbildung, aber die Triebwerke kamen mir höllenlaut vor. So saß ich schätzungsweise zehn Minuten, in der die Maschine ordentlich wackelte, völlig steif in meinem Sitz, bis wir die Wolkendecke durchbrochen hatten. Von da an flogen wir sicher und größtenteils ruhig Richtung Deutschland. Um kurz nach 23 Uhr hatte ich wieder Boden unter meinen Füßen. Als sich die Türen hinter der Zollkontrolle öffneten, nahmen mich meine Freunde freudestrahlend in die Arme.

So endete für mich das Abenteuer Jakobsweg nach fünf ganz außergewöhnlichen Wochen! Unzählige Eindrücke, persönliche Geschichten, emotionale Momente und ganz tolle Menschen begleiteten mich an jedem einzelnen Tag. Sehr viele Herausforderungen, Unwegsamkeiten und Anstrengungen galt es zu meistern, für die aber auch immer wieder angemessene Belohnungen auf mich warteten.

Ich hoffe, dass ich euch gedanklich mitnehmen konnte auf diese ganz spezielle Reise. Ich danke euch allen für die Zeit, die ihr mir mit dem Lesen dieses Buches geschenkt habt!

Buen Camino!